なぜ教科書通りのマーケティングはうまくいかないのか

電通戦略プランナーが教える
現場のプランニング論

北村陽一郎

宣伝会議

はじめに

私は電通という会社で、広告プランナーの仕事をしています。私自身も現場のプランナーとして担当クライアントを持って仕事をしつつ、社内で少人数制のプランニング塾「北村塾」を主宰しています。マーケティング理論や考え方を実際の広告プランニングでどう活かせばいいのか、若手プランナーたちの現場の課題感を聞きながら、対話を通じて理解を深める場になっています。

通常の研修は1人のスピーカーがたくさんの参加者に対して話をする形式が多いと思いますが、私の塾では1組を3人まで、時間も1回30分としています。増枠してほしいという相談もよくいただくのですが、1組3人までという上限に関しては、一貫して守るようにしています。全20回を週2回ずつのペースで進めますので、1期が終了するのに3カ月弱かかります。4組同時に進行させても1期12人までという中で、3カ月後や半年後まで予約をいただいているような状況です。

なぜ私が少人数にこだわっているのかというと、マーケティングの理解を深めるために必要なことは数学や歴史などと違い、すでに何かを知っている人からまだそれを知らなかった人への知識伝達によるものだけではないと考えているからです。マーケティングは、いま実際に生きている人たちに関わっています。世の中には老若男女、いろんな人がいて、しかもその人たちが少しずつ変化していきますので、いかに経験を積んだマーケターであっても、よくわからない分野は必ずあります。逆に、マーケターとしての経験がそれほど長くなくても生活者としての肌感覚を持っていれば、その部分については経験の長いマーケターよりも優れた理解をしているものです。

一方通行ではなく、参加者それぞれが重要な役割を持って学び合う場としたい。週4日も研修に時間を充てているというと、よく「育成に熱心なんですね」と言われるのですが、もちろん何かしら役に立てればという気持ちもありつつ、半分は私自身の学びのために続けていますし、実際に成長に繋がっていると感じています。

広告会社にいるプランナーと同じように、広告主のマーケターの方々もそれぞれ時間やお金を割いて、本当によく勉強をされていると思います。最近は人事異動のサイクルも短く、別な分野からマーケティングの部門へと職務が変わられた方も多くいます。そんな中で私が感じているのは、多くの方が学びに使うマーケティングの本やセミナーでは、肝心なことが語られずにきているのではないか、ということです。

もともときわめて優秀で、なおかつ時間やお金を割いて勉強もされているのに実務では思ったようにうまくいかない。多くのマーケターが悩む原因の一つとして、「足し算思考」というものがあると思います。学生時代の部活や社会人の転職の悩みもそうですが、何かを始めるのはポジティブなのに対して、何かをやめるのは非常にネガティブに捉えられる傾向があります。マーケティングにおいても同様の傾向はあり、それまでのものに追加して何かを始め、中止はせず、すでに取る必要がなくなったＫＰＩを「ずっと定点で取っているから」という理由で取り続けたりしているケースも少なくありません。

一つ一つの考え方やフレームについて学ぶための優れた教科書は、たくさん出ていると思います。しかしそれらが現場において誤解・誤用され、せっかくの学びが活かされないばかりか、実務の上でも困った状況に陥ってしまう。本当は「足し算」だけではなく、「引き算」や「場合分け」の技術を必要とするのがマーケティングの実務であると思うのですが、そうしたことは教科書でほとんど扱われていません。

本書は、こうしたマーケティングの考え方やフレームを実践においてどのように使えばよいかについてまとめたものです。特定の広告主のマーケティング責任者として成功を修めた方の本とはまた違う角度から、多様なカテゴリーを扱う広告会社のプランナーの経験をもとにした汎用性を意識して、読まれる方の現場の課題解決のお役に立てたらという思いで書きました。

第1章では、マーケティングについて一通り学んで理解したものの、それを実践に活かそうとするとうまくいかないことが多いのはなぜなのか、という部分を紐解いていきます。トンカチを持つと目の前のものがクギに見える、というような言い方がありますが、どういうときに何を使えばいいかがわからないという話は、私の塾の受講生からもよく聞かれるテーマです。3つの過剰（過剰な一般化・過剰な設計・過剰なデータ重視）を意識することで、より現実的な状況に即して考えることができるようになると思います。

第2章から第4章では、「3つの過剰」をより詳細に見ていきます。マーケティングの教科書においてそのテーマがどのように扱われており、それらが現場においてはどう誤解・誤用され、うまくいかなくなるのか。これらのポイントをおさえ、どのように使用するのがよいかをまとめる構成になっています。具体的には「ブランド認知」「ターゲット設定」「パーチェスファネル」「カスタマージャーニー」「インサイト分析」「重回帰分析」の6テーマを扱います。ご興味のあるところから、お読みいただければと思います。

第5章では「現場の広告プランニング」として、状況によるマーケティングの使い分けについて考えます。ゴルフコースに出たときに状況に応じてクラブ選択をするように、現場のさまざまな案件に対応するには、状況に応じてこの手法は使えそうだ、逆にこの手法は今回は使わない方がいいだろうといった判断の基準が必要です。多くの教科書に載っているのは「有用である」ということと「こう使ってうまくいった」ということで、「こういうときにこの手法は使うべきでない」という議論はほとんどありません（この手法はどんなときにでも使えます、と謳うものさえあります）。実際にマーケティングを考える順序や、原理原則的なこととそうでないことの整理も含め、間違った予算や時間の使い方を少なくするために現場で気をつけた方がよいと思われることについて、まとめています。

第6章では、塾の受講生との質問のやりとりから、一部をご紹介します。私の塾は、30分の時間内で全員と対話します。受講生からは、私に質問されるのはとても緊張すると言われることが多いのですが、私も受講生から質問を受けるときは緊張し、終わったときには毎回のようにどっと疲れています。うまく答えられるときもあれば、あとでもっとこう答えておけばよかった、あれは間違いだったと思うこともよくあります。現場のマーケターがどんなことを考えているのか、参考になる部分があればと思います。

さまざまなクライアントとお会いし、想いをうかがっておりますと、この商品は本当に価値があるものだと感じることが多くあります。私はたまたまそれを知る機会があったけれども、世の中にはまだ多くの知らない方々がいる。その価値を知ったり、実際に商品を使ったりすればその人たちはきっと、よりよく生きられる。作っている人もハッピーになる。

先日、冷凍の鍋焼きうどんやラーメンを製造するキンレイさん（月桂冠グループの食品メーカーで、関西では知られています）のマーケティングのお手伝いをすることになり、工場見学にうかがう機会がありました。清潔さへのこだわりや、もっといい製品にするためにという創意工夫。工場で実際に働いている方々も、その裏にいる商品開発を企画する方々も、目の前の仕事一つ一つに真剣に取り組まれている。キンレイさんには「専門店を超える専門店になる」というビジョンがあるのですが、その言葉が工場のあちこちに貼られています。見学を終えたあとで試食をさせていただいたラーメンは、本当に涙が出るほどおいしかったです。このラーメンには価値がある。この価値を伝えたい。自分はそういう仕事をしているのだ、と感じた瞬間でもありました。

私は広告会社で働く一人の広告プランナーであるに過ぎません。言語化できてきた部分とそうでない部分があり、まだまだ私自身も修業中の身ではありますが、本書が現場でマーケティング実務に携わる方々、本当に価値のあるものを届くべき人に届ける仕事に奮闘する方々にとって、役に立つような内容になっていることを願います。

CONTENTS

CHAPTER 2

過剰な一般化 47

CHAPTER 3

過剰な設計

CHAPTER 4

過剰なデータ重視

CHAPTER 6

CHAPTER 1

なぜ教科書通りのマーケティングはうまくいかないのか

SECT. 01

苦労して社内を通したプランがうまくいかない？

私自身がクライアントと相対しているときもそうですが、塾の受講生であるマーケターの方々と日々会話をしていると、広告戦略や施策の企画についてクライアントの中で社内決裁を上げていくのが非常に難しくなっている、と感じます。最初の段階ではシンプルで強かった戦略や企画が、いくつもの階層で異なるフィードバックを受け、それに対応していくうちに形が歪んでくるというようなケースです。

マーケティングについてはさまざまな本も出ていますし、勉強会やセミナーも頻繁に開催されています。広告主のマーケティング部門で要職に就かれている方を多く招待する形のセミナーでは、横の繋がりも生まれます。そこで他の参加者から自社はこのようにしてうまくいったという話を聞き、部下の上げてきたプランにその視点からフィードバックをするということが多いようです。

もちろん上司の方も頭ごなしにその手法を採用しなさいと指示するわけではないでしょう。ただ、社内の上下関係の中で、上司からの指示を汲んだ内容のページを企画書に入れてほしい、と広告主の担当者から広告会社のプランナーに依頼されることは多いです。それが何度かあり、接ぎ木に接ぎ木を重ねているうちに原型がなくなって、最終的に決裁がおりる頃には初期の頃とはかなり形が違うものになっています。

他社の成功事例を学ぶことは大切ですし、新たな視点を検討することも重要です。誰にも悪気はなく、目の前の仕事にそれぞれ真摯に取り組み、労力もかなりかけているにもかかわらず、最終的に通った広告プランが「これで本当によかったのだろうか?」というものになる。実施してみても、今ひとつ思った反応が得られない。そんなご経験をされているマーケターの方は多いのではないかと思います。

接ぎ木なのか、そうでないのかがわかるためには、すでにある視点やマーケティング・フレームと、新たに検討しようとしているものがそもそも共存しうるのか、それらがどういった関係性にあるのかという、相対的な位置関係をつかむ必要があります。一つ一つに長所があるものでも、足せばそのぶん長所が積み上がるわけではありません。鰻屋さんの秘伝のたれも、継ぎ足すものを間違えれば、全体の味はいっぺんに崩れてしまうでしょう。なんでも足せば良いものになるわけではありません。

マーケティングの本やセミナーで出てくるマーケティング・フレームは、新しいものであればあるほど非常に圧を持った物言いがなされることが多いです。例えばパーチェスファネルでは、昔は「購入」が一番下にありそこで止まっていたわけですが、「購入」後を組み合わせたダブルファネルという図が出はじめたとき、「購入」で止まったそれまでの型は古臭く、時代遅れの考え方だとする風潮が非常に強くなりました。

以前の型を企画書に使うとそれだけで懐疑的に見られたり、新しいものに直してほしいと言われたこともあります。しかし、これから詳しく述べますが、こうしたマーケティング・フレームや考え方というのはあくまで一つの見方であり、すべての事象を言い表すものではありません。「購入」までのファネルがそれまでの事象をすべて包含していたわけではないように、「購入」後が加わったものも、これからの事象をすべて包含するものではないのです。

本やセミナーで語られる新しいフレームがなぜ圧を持っているかというと、「それ自体が提唱する個人や会社のマーケティングであるから」ということが言えるかと思います。これは元同僚であるマーケターの南坊泰司さんが言っていたことですが、提唱する個人や会社がポジションをつくるために商売として新しいフレームをつくると、それに価値があるという主張をしたいため、適さないカテゴリーがあるという話はあえて出さなくなる。それが良くないという話ではなく、受け取る側の心づもりとして、確からしさの追求として出てきたのではなく誰かのポジショントークとして出てきている可能性を頭の隅に置いておいてもいいのではないか、という指摘でした。

広告会社からクライアントへの提案の場でも、どこかで聞いたことのある理論やフレーム、専門用語で「必ずこれでうまくいく」と言い切られると、半信半疑であっても流されていってしまうことはあります。いかなる商品カテゴリー、そのカテゴリー内でのいかなる立ち位置のブランドでも同じフレームが有効であることはありません。しかしその認識があまりされないまま、何となく安心感が漂い、ふわっと話が進んでいくことが多いです。しっかりやってくれそうだし、社内決裁を通す資料も作れそうだ。しかし実際に動かしてみると、たいていは「うまくいかない」ということになります。

コンペの罪は「言い切り」を生んでしまうこと

「聞いたことのある理論による言い切り」が生じるのは多くの場合、コンペにおいてです。コンペが本当に有効なのかという議論はこれまでも多数なされており、特に広告会社側のエネルギーのロスやモチベーションの部分で懐疑的に語られることが多いと思いますが、私が考えるコンペの最も大きな罪はこの「言い切り」を多く生んでしまうことです。

広告会社の中の評価として、コンペで勝つか負けるかは非常に重要視されています

(勝ったときの嬉しさより、負けたときの肩身の狭さがつらすぎるので、どうしても負けたくないというのが広告会社の人間の考えることです)。さらに何年か前から、コンペのプレゼンは「1人ですべて語りきるのが良い」という風潮があります。人には得手と不得手があり、専門的で造詣が深い部分とそうでない部分があるのは当然のことですが、話す側の「負けたくない」、しかし「そこまで専門的でない」ことで生まれる「言い切り」を、聞く側もうまく咀嚼できないでいる現状があります。丁寧な相互理解を欠く背景が、このあたりにあります。

こうした「言い切り」に流されるのを避けるには、「聞いたことのある理論」をもう一歩踏み込んで、整理し、理解することが必要です。本当に議論が必要なところでしっかり止めて議論を起こすことが、そもそもの設定を間違えたゆえにそれ以降の細かい積み上げを無意味にする、大きなロスの回避に繋がっていくと考えています。

間違いのもとは、本当は原理原則的ではないことを そのように見てしまうこと

これまで先人の方々が発表されてきたことの中には、普遍的な知見も多くあります。それらはメディア接触行動や検索行動など、現代の生活者がいかに変化したとしても、別次元の原理原則的なこととして使っていくことができます。

第5章で詳しく述べますが、人間の気持ちに関することについては、基本的にそれほど大きく変わっていかないものと考えています。カーネギーの『人を動かす』は1936年に書かれた本ですが、今読んでもまったく古典という感じは受けません。マーケティングで便益について考えるときに、人間の気持ちがどのように動くのかは重要な要素になります。このあたりは、原理原則的なものと考えてよいと思います。

一方、いわゆるマーケティング・フレームの中には、本来は万能でないにもかかわらず原理原則的なものと扱われ、頻繁に使われるもののうまくいかないというケース

が多いです。「パーチェスファネル」を使うべき案件もあれば使うべきでない案件もあるのは当然のことですが、どういうときに使うべきでないのかという議論はほとんど行われていません。

将棋の世界では、「定跡は知らなければならないが、定跡通りに指していては勝てないのが実際の勝負の場だ」と言われます。AIでの研究が進み、AIの出した答えを多く記憶しているかどうかで勝敗が決まると考える人もいるでしょうが、状況は変化していきますので、それほど単純ではないでしょう。マーケティングもそのようなところがあり、判で押したように一つの型で押し通せるほど現実の課題はシンプルではないというのが実感です。

マーケティング・フレームとは、モデル化の試みに過ぎない

マーケティング・フレームというのは要するに「ヒトがモノを買うときの行動をモデル化する」ということをしているわけですが、そもそもヒトもモノもそれぞれが多

様なので、その掛け算である「ヒトがモノを買うときの行動」というのは必然的に、きわめて多様にならざるを得ません。

私がドラッグストアで胃腸薬を買うときは、まず成分を気にします。続いて、使用した人の口コミや紹介されている動画を見ます。店頭でパッケージを見て、その日は買わずに帰ってきたりします。どのブランドにするかを決めたあとも、何錠入りのものにするかを考えます。お店によって値引きも変わるので、いくつか店舗を回ります。それから購入するというのがだいたいの流れです。

それに対して、高校生の娘が友達とスターバックスで何か飲み物を買うときはどうでしょうか。先ほどの行動のほとんどは行われていないはずです。代わりに、新しい季節限定の飲み物が出たことについて買う前にその友達と話したりしているでしょう。胃腸薬にはそもそも季節限定がありません（仮にあっても、季節限定だから買ってみようとはなりません）。

このように、多様な行動を何とかわかりやすくシンプルに括って「モデル化」を試みているのがマーケティング・フレームです。なるべくシンプルにしたいのはやまやまですが、元がこれだけ多様なので、できるだけ頑張ってはみました、というようなものにしかなり得ないのではないかと考えています。

マーケター自身が持っているバイアスを意識する

マーケターは必ずバイアスを持っている、ということも考える必要があると思います。例えば、現実の人口動態を考えずに若い人を狙うことが当然のように考えたり、一つのブランドに顧客が所属してくれるように感じたりすることなどです。バイアスは、「系統的に起きる認識のエラー」です。マーケティングの世界では当たり前だと思って行われていることが、実ははるか昔の、今とはまったく状況が違っていた時代になされていたことが見直されずに残っているだけ、という可能性があります。

『ティール組織』(フレデリック・ラルー著)という本の中で、紀元前350年頃に哲学者のアリストテレスが「女性の歯の本数は男性のそれよりも少ない」と主張して以来、実に2000年の間それが信じられ、検証されなかったという話が紹介されています。そんなことがあるのだろうかという気もしますが、みんなが当たり前だと思っていることを疑ってみるのは、思いのほか難しいということなのでしょう。

広告をどう展開していくか考えるときに、損失回避やアンカリングなどの「認知バイアス」を考えることはよく行われているわけですが、マーケター自身がバイアスを持っているという意識を持つことは重要です。バイアスは、なるべく考えることを少なくするために存在するものだと思っています。レールをつくることで、思考を省略する。しかし、はたしてそれでいいのか。急行ではなく各駅停車に乗らないと着かない駅もあります。

映画監督の宮崎駿さんはテレビ番組『プロフェッショナルの流儀』の取材の中で、「世の中の大事なことって、たいてい面倒くさいんだよ」という言葉を残しています。マーケター自身がバイアスを持ち、面倒くさがって通り過ぎてしまっているところにこそ、本当は立ち止まって考えなくてはならない本質的な何かが隠れているのかもしれません。

しかし、現実的な問題としてすべてを掘り起こして一つ一つ考えていくのでは、途方もない労力が必要になります。何か、こんなときに立ち止まって考えるとよさそうだという道標のようなものが欲しいところです。

- **過剰な一般化**
- **過剰な設計**
- **過剰なデータ重視**

本書は、この3つが今のマーケティングの世界にあるのではないかという問題関心を軸に、展開していきます。

SECT. 02

3つの過剰

「疑いの型」のようなものを持つことは、手前のところで大きく間違うリスクを減らすことに繋がります。車を運転するときにも、左折時には左後方からバイクが来ていないか、右折時には対向車線の右折待ちの車の陰から直進車が来ていないか確かめるというように、「疑いの型」が存在します。それらを言語化することには、意味があるように思います。

過剰な一般化

一つめの傾向は、「過剰な一般化」です。「それはそうだな」と納得するようなことがあったとき、「それはそうだな」と「いつも必ずそうだな」を分けて考えるのが非常に重要です。むしろ、「いつも必ずそう」ということはあまりないのだと考えておくくらいがちょうどよいのではと思います。

例として、「お客様の声を聴くことは重要だ」という考え方はどうでしょうか。「それはそうだな」とは思います。お客様の声を無視しているのにいい商品ができたり、その商品が飛ぶように売れたりするようなことは普通に考えれば、なさそうです。

しかし、「お客様の声を聴くことは、いつも必ず重要だ」という考え方はどうかといわれると、雲行きが変わってきます。現代国語の選択問題では「いつも必ず」といった限定的な言葉が出てくる選択肢はほとんど不正解になるものだと思いますが、「それはそうだ」と思っていたお客様の声を聴くことについても、「いつも必ず」なのかと考えると少し不安になるでしょう。

星野リゾートの星野佳路代表と経営学者のK・ブランチャードの対談で、ブランチャードは「お客様の要求が自分たちの目指しているサービスと合致しないときは、その要求を無視するべき」ということを言っています。

富士山麓のグランピング施設「星のや富士」の客室にはテレビを置いていないそうです。それは、ここではこんな時間を過ごしてほしいという星野リゾートの目指すサービスの方針によるものなのですが、ブランチャードの考え方では、お客様の声で「テレビを置いてほしい」という声が出てきたとしても採用しなくてよいことになります。ヒトは多様であり、お客様も多様ですので、お客様の声も多様になります。お客様の多様な声を聴きすぎることによって予算などの資源が分散し、ブランドが定まらなくなっているケースが多いという指摘です。

「それはそうだな」と思うようなことでも「いつも必ずそう」とは限らないというのは、マーケティングの教科書にある内容についても言えることです。第2章で詳しく取り上げますが、「ブランド認知」と「ターゲット設定」についても、過剰な一般化は起こっていると考えています。

ＡＩＤＭＡやＡＩＳＡＳなどの購買行動モデルにおいては、最初「認知」から入ることになっています。ここに「過剰な一般化がされていないのか」という疑いの型を当てはめて考えてみましょう。つまり、「ものを買うときにはいつも必ず、認知から入るのか」という問いを立ててみるわけです。すると、どういうことに気づくでしょうか。

自分で買って使っているのに名前は知らないものを思い浮かべてみると、PCを置いているテーブル、椅子、髭剃り、爪切りなど、身の回りのものだけでもたくさんあります。1回買って数年使うもの以外でも、例えば私は2リットルのミネラルウォーターを毎週何本も買いますが、メーカー名もブランド名もわかりません。「この店のこの棚に置いてあるミネラルウォーター」という認知しかしていないのに、ヘビーユーザーであるということはあるわけです。

また、結果的にブランド名の認知はしたけれども、その前から興味があるということもあるでしょう。友達が使っているAppleのワイヤレスイヤホンが気になって、調べてみたあとで名称がAirPodsであることを知ったというようなケースです。人間関係でも、よく行く飲食店の店員さんと街中で偶然すれ違って、お互い会釈はしたけれども名前は知らないという経験をしたことが私はあります。

「ターゲット設定」でよく行われているのは、実購買層よりも少し若い層を広告ターゲットにするという考え方です。それが合理的であることももちろんありますが、「いつも必ずそう」であることがよいとは言えません。人口ボリュームが若くなるにつれ少なくなること、情報の取り方が世代により変わってくるため手法そのものを使い分ける必要が出てくること、商品カテゴリー自体の変化が激しく10年後のことがほぼ見通せないことなどが、その理由です。

過剰な設計

「いつも必ずそう」かどうか、あえて例外がないのかを考えてみることで、過剰な一般化から自由になれるのではないかと思います。

「3つの過剰」はもともと、1999年の「経済白書」で使われた言葉です。「失われた10年」の背景となった日本企業の疾病として雇用・設備・債務の3つを指摘したのですが、近年新たに一橋大学の名誉教授である野中郁次郎氏が指摘した「3つの過剰」の中には、オーバー・プランニング（過剰計画）というものがあります。とりわけマーケティングにおいては、PDCAのPの部分に非常に重きが置かれる傾向があります。

私の経験でも、戦略設計の提案をした際にクライアントから、もっとこの部分を詳細に組んでほしいと言われることが多くあります。より詳細に組むこと自体はできますし、企画書の見え方としては確かに緻密な感じにもなるのですが、実際にはあとから追加で組み入れたものほど仮定や推論が入り、見通しとしてはどうしてもぼやけてしまいがちです。更新された企画書をクライアントに提出するとき、私はいつも「設計というのはもっとシンプルなものでなければならないのではないか？」ということを感じています。

現実的に、会議し、合意し、上申し、決裁を通るまでに何人もの人々の目が向けられていく中で、緻密な感じがある方が通りやすいことは理解できます。しかし重要なのは予算が通って施策を実行することよりも、事業が成功することです。施策実行は事業成功の手段でしかありません。

「過剰な設計は問題なのでは」というと、出てくるのが「設計は重要に決まっている」という議論ですが、これは話がすり替わっています。重要かそうでないか、0か100かという思考がすでに誤っていて、たいていは0でも100でも良くはなく、程よいバランスはどのあたりなのかという話です。

設計が重要だという考え方は、ある条件を前提とします。予測をするのに充分なデータが揃っていることと、期間内に大きく条件が変わらないことの2つです。これらの条件が揃っている状況下において、初めて設計というものに意味が出てきます。

データ自体はいろいろと、取れるようにはなっています。データ分析のスキルはマーケターの重要な素養の一つであり、Ｅコマースなどデジタルを介したカテゴリーでは特に顕著な傾向です。ただし、「量として充分」であることと「予測をするのに充分」であることの間には、大きな隔たりがあります。

脳の研究者である池谷裕二先生は、「癌の10年生存率は10年前の医療を受けた患者たちの数字であり、前提とするものが大きく変わっている。人間の未来を見通す力はたかが知れている」と指摘されています。医療現場と同様に、マーケティングの現場でも前提とするものは大きく変化していきます。設計通りにうまくいっているのかをチェックできるようにするというのがＰＤＣＡのＰの考え方ですが、それ以前に設計自体が現実的ではなかったということになるケースは実際にとても多く、それは設計のミスというよりは、設計時点では見通しようもなかったことが結果的に大きく影響したことに起因しています。

また、マーケティングにおいて世の中の「旬」をきちんと捉えることはとても重要ですが、一方で話題の賞味期限のサイクルは短くなっています。日清食品は話題となった動画などをアレンジしていち早くＣＭに活用するのがうまく、意思決定スピードが速いということで称賛されていますが、意思決定スピードの速さ以前の話として、事前に予測できないことのために使える予算を残している点を見過ごしてはいけません。

もう今期は使える予算が残っていないとわかっている広告主には、広告会社も企画を持ち込まないものです。企画をつくるのにはそれだけ時間やマンパワーなどのリソースをかける必要があり、広告会社の社内では、かけた時間に見合っただけの成果があったのかということが常に問われているからです。事前に設計をし過ぎて余白部分を残さないのは、設計を行っている時期にしか情報や企画が集まってこなくなることに直結します。

過剰なデータ重視

「過剰な設計」とも関連しますが、マーケティングはデータを非常に重視する傾向があります。かつては、広告主の中に何十年も広告宣伝を担当している文字通り「主」のような人がおり、その人の嗅覚で方針が決まっていた時代がありました。しかし今は、属人的な判断をよしとせずにデータに基づいて判断を下す方が企業として健全であるという考え方に変わりました。社内の人事異動のサイクルも短くなり、決裁のために何らかのデータを添えるというルールが適用されているようなケースが、特に大企業では多数派だと思います。

重要なことの一つめは、「データの中の何を見ているのか」ということです。想定されるのは、取ろうとしている施策は生活者に受け入れられるのか。つまり、生活者の中で多くの人がそれを支持しているのかどうか、ということです。

JR山手線の新駅の名称が「高輪ゲートウェイ」となったとき、山手線らしからぬキラキラネームだとして揶揄する意見がネットで多く見られました。この名称がいいかどうかは別として、データを重視する思想ではなかなか選択しにくい名称であっただろうとは推察されます。

昭和33年に東京タワーができたとき、同じように名称の公募が行われました。最も票を集めたのが「昭和塔」。2位が「日本塔」、3位が「平和塔」で、「東京タワー」は13位であったそうです。結果として東京タワーと命名された当時、その名称への評価は必ずしも高くなかったとされています。現在の「高輪ゲートウェイ」に対して人々が持つ印象に近いものがあったのかもしれません。ただその後、昭和から平成、さらに令和となって、東京タワーの名称がもし「昭和塔」であったなら、現在と同じように人々に愛される存在であったのかどうかということは考えさせられます。

多数意見と少数意見のどちらが重要なのかという問いについて、考えてみましょう。少数意見を無視するわけではないけれども、どちらかと言えばやはり多数意見の方を尊重すべきではないか、と考えるのが自然なようですが、これは言わば、選挙の発想です。みんなが望む方向に進むために全体の方針を定めるという目的であれば、みんなの望みであるところの多数意見が力を持ちます。

例えば、どこか離島に一つだけ建てる予定のショッピングセンターの中の店舗誘致計画で、玩具店より衣料品店の方を望む人が多数であるという結果が出た場合は、衣料品店を誘致した方がいいということになるでしょう。しかし、マーケティングでは多くの場合、競合が存在します。競合＝「置き換えうる何か」が存在する。この視点がきわめて重要です。

多数意見というのは多くの人が持つ意見ですので、当然のことながら、競合社も同じ情報を持っています。自分だけが多数意見に気がつくという状況は、起こり得ません。その状況の中で多数意見にのっとった戦略を採用したときに、競合ではなく自ブランドを選んでもらえるのか。穴が少ないブランドにはなれるかもしれませんが、選ぶ理由をつくることからは遠いのが多数意見です。

多数意見にのっとったブランドは、似ているもの、すなわち競合が多いブランドということになります。競合が多くなると、どうしても利益率が低くなりがちです。2020年の春、コロナ禍の初期に店頭からマスクが姿を消しました。みんなが欲しがっているのに、どこに行っても売っていない。他の業種の企業も急遽マスクを作り始めるなど、マスクに非常に高い希少価値があった時期です。この頃のマスクは50枚入りで、数千円の価格がついていました。その後に供給が増え、2023年現在では同じく50枚入りで1000円を切っていることも珍しくありません。他に置き換えうるものがあれば価格が下がるという意味で、コロナ禍におけるマスク価格は非常に示唆的です。

重要なことのもう一つは、「データにどんな役割を与えているのか」ということです。まっさらな状態でデータを見ることはほとんどなく、あらかじめ存在している何らかの主張の補強に使うことが大半だと思います。

忘れてはならないのは、「データ（統計）は人が作っている」ということです。数字は客観的で動かしがたい事実であるように思われがちですが、実際は人や企業が何らかの意図をもって調査し、出てきた数字の一部を選んで発表しているので、事実というよりは調査主体の主張に近いと見ておく方がよいと思います。

そのように考えると、データ重視とは「誰かの主張」を恣意的に集めたものと同義です。私の意見に賛成してくれる人はこんなにいます、と言っているに過ぎず、定量による裏付けに見えて、実は定性による裏付けであるとも言えます。重要な判断の基準が、「賛成多数」で、本当にいいのかどうか。決裁のために何らかのデータを添えるルールをつくるということは、こうした形骸化に繋がる可能性があります。

CHAPTER 2

過剰な一般化

今のマーケティングの世界で起きているのではないかという疑いの型の一つめは、「過剰な一般化」です。過剰な一般化が起きていないかどうかに気づく方法は、「それはそうだな」と「いつも必ずそうだな」を分けて考えるということでした。ここでは「ブランド認知」「ターゲット設定」について扱います。では、始めましょう。

SECT. 01

ブランド認知

❶ 教科書における「ブランド認知」の扱われ方

ブランドについてはマーケティングの基本を扱うさまざまな教科書の中で繰り返し述べられていますが、ベースとなっているのは1991年にデービッド・A・アーカーが著した『Managing Brand Equity（ブランド・エクイティ戦略）』かと思われます。ブランド論の第一人者と言われるアーカーのこの本の中で、ブランドが持つ資産（エクイティ）とは以下の5つであるとされています。

ブランド認知　Brand Awareness
知覚品質　Perceived Quality
ブランド連想　Brand Associations

ロイヤリティ　Brand Loyalty
その他の独占的資産　Other Proprietary Brand Assets

ブランド認知はのちにBrand Visibilityとなり、単に知っているかどうかよりも、どのように見えているかというニュアンスが加わってきています。知覚品質ものちにTrust & Perceived Qualityとなり、認識している品質が高いかどうかに加えて、信頼できるかという要素が追加されました。ブランド連想は文字通りで、ポジティブに連想されることが多いほどブランドとして強固になるとされています。

ロイヤリティは、好きかどうかということです。アーカーはこのロイヤリティが5つの中でも特別なものと述べていますが、5つが並列されて表記されることが多いためか、これが他の4つよりも上位にくるという捉えられ方はあまりされていないように思います。その他の独占的資産は特許などのことで、マーケティングで向上させる内容とは離れますので、ここでは割愛します。

その後、1997年にダートマス大学のケビン・L・ケラー教授が『Strategic Brand Management（戦略的ブランド・マネジメント）』を発表します。何度か改訂されていますが、この中でブランド・レゾナンス・ピラミッドというものが出てきます。アーカーの5つの要素は並列されていたので関係性が少しわかりにくい部分があったのですが、ピラミッドの形になることで構造として理解しやすくなっています。

Salienceは、顕著な特徴という意味です。そのブランドがどういうものと思われているかという点で、アーカーのブランド認知に対応していると考えられます。左側

ブランド・レゾナンス・ピラミッド

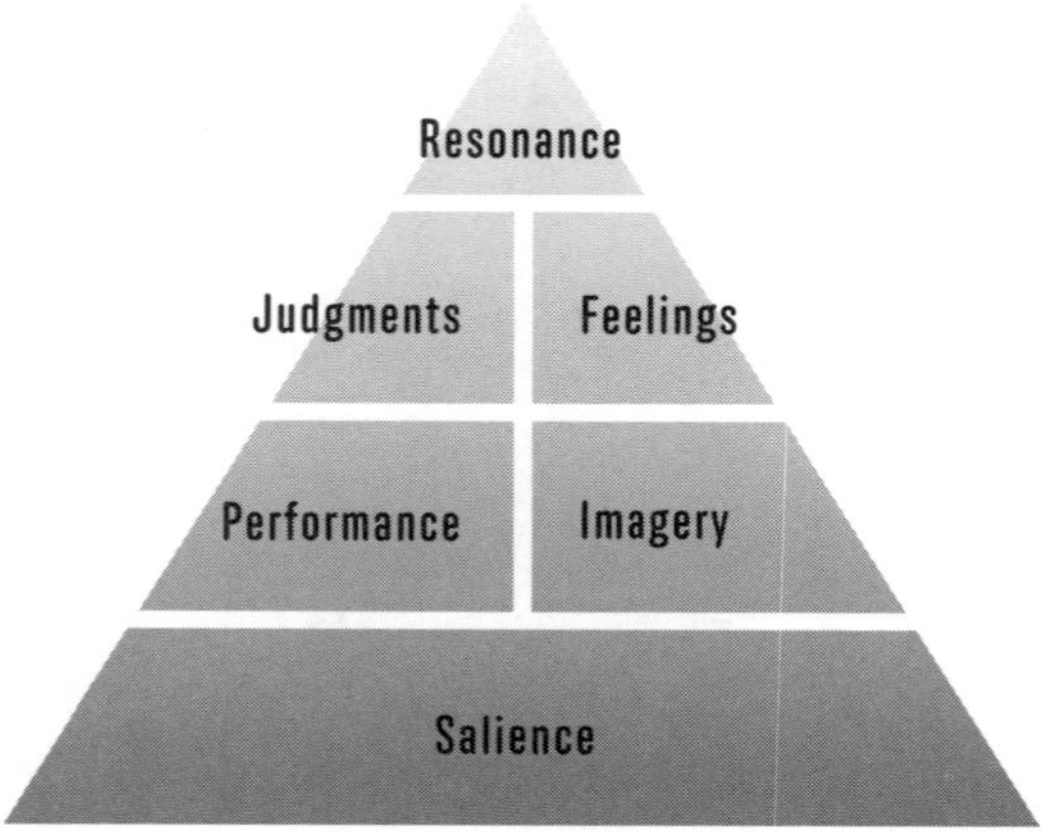

のPerformanceは、どんな機能があるか。その上のJudgmentsはその機能をどのように判断するか。左側は理性的なルートとされています。右側のImageryはイメージで、その上のFeelingsはそれに対する気持ちです。右側は感情的なルートとされています。一番上のResonanceは共鳴という意味です。アーカーのモデルでは、ロイヤリティにあたると言っていいでしょう。

つまり、土台となるところはブランド認知であり、理性的・感情的なエクイティを積み上げて、最終的にロイヤリティ、つまり好きという状態にたどりつくことをこのピラミッドは表していると考えられます。

2 現場における「ブランド認知」の誤解

ブランドの土台となるものがブランド認知であるという考え方は、「それはそうだな」と納得させられるものではあります。現場のプランニングにおいて、特に新商品などの場合は「何はともあれ、まずは認知」と考えられることも多いです。

では、実際の購買行動はどうなっているでしょうか。例えば「Fate/Grand Order（FGO）」というスマホゲームアプリがあります。日本におけるゲームアプリの収益ランキングでは「モンスターストライク」「ウマ娘 プリティーダービー」「FGO」の3強状態がしばらく続いていますが、「モンストとウマ娘は知っているけれどもFGOは知らない」という人も多いかと思います。FGOは、一般的な認知はそれほど高くないのですが、コアファンには熱狂的に支持されており、2023年には世界累計収益70億ドルを突破するという、ちょっと考えられないような収益力を持つゲームアプリです。

また自動車などが一例ですが、ブランド認知と売上がきれいに相関しないカテゴリーはたくさんあります（例えばホンダのN-BOXは輸入車のポルシェよりも日本における認知率は高くないですが、N-BOXの方がポルシェより販売台数が多いのは明らかです）。そうした現象を多くのマーケターはうすうす感じていながらも、まずはブランド認知が土台であると考えてしまう傾向があります。

認知が重要という考え方の派生の一つとして、広告認知も重要視されています。単に「認知率」という言葉が使われたとき、それが「ブランド認知率」を指しているのか「広告認知率」を指しているのかが曖昧であることも多いです。この2つの認知率は伸び方がまったく異なりますので、本来ははっきりと使い分けをする必要があります。

広告を打つ目的は「それを受け取った人が狙った通りに心理変容すること」ですので、広告認知率は中間目標であってしかるべきです。仮に広告認知率が前回よりも下がったとしても、狙った心理変容が前回以上に達成されていれば良くなったと本来は評価されるべきなのですが、ブランド認知が重要視されるのと同様に、広告認知率は非常に重要視される項目となっています。

アーカーのブランド・エクイティの5つの要素のうち、ブランド連想についてもいくつか誤解が生じています。「ブランド・エクイティを重視する」という広告主の多くは、このブランド連想の何かのワードをKPIに設定し、それを定期的に追うということをしていますが、そのKPIのスコアは実際の売上と連動しないことが多いです。

ブランド認知は重要、またブランドとして強くなるためにブランド連想も重要といったところで理解がとどまり、過剰な一般化が起きています。いつでもブランド認知を追い求めたり、ブランド連想の何かのワードにこだわったりしても、実務ではなかなかうまくいきません。では、実際にそれらを使用する上での注意点は何でしょうか。

3 現場における「ブランド認知」ご使用上の注意

認知率には大きく2種類ある

まず、**ブランド認知率と広告認知率の動きの違い**からお話しします。広告認知率は、1回のキャンペーンで認知率ゼロの状態から50～60％に到達することも珍しくありません。その代わり広告出稿をストップすると減衰していきます。一気に上がるし、休めば下がる。これが広告認知率の動きです。それに対してブランド認知率はなかなか上がりません。パーフェクトサントリービールの例を見てみましょう。

パーフェクトサントリービールは２０２１年4月以降の2年間でアサヒ・スーパードライに次ぐテレビＣＭ出稿量を投下しています。ビール全銘柄の中で1位・2位を争うような量を投下してもまだ、２０２３年1月現在でブランド認知率は20%に到達したくらいです。

ブランド認知率が広告開始から1年でいき

ビールのブランド認知率の推移

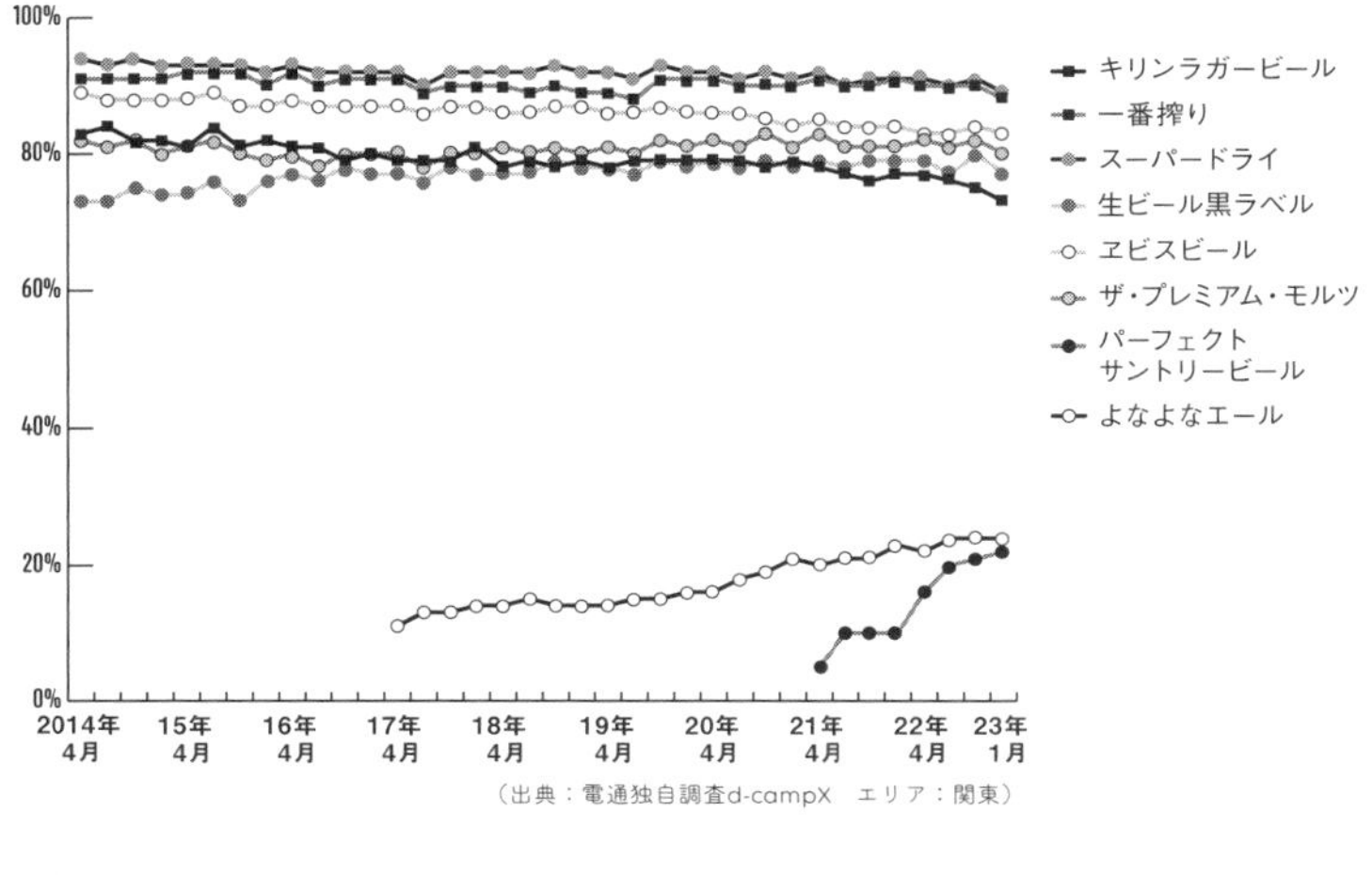

（出典：電通独自調査d-campX　エリア：関東）

なりゼロから50％に達するというようなことは、ほぼありません。パーフェクトサントリービールの場合も、むしろ80～90％近くあるブランドが他にこれだけ多い中、わずか2年で20％まで到達しているのは大健闘だと思います（他のブランドに比べても、明らかに大きく伸びています）。

このようにブランド認知率はなかなか上がらないものなのですが、逆にいったん上がると広告をしばらく休んでもそれほど下がりません。上がりにくく、下がりにくいのがブランド認知率の動きで、広告認知率との動きの違いはマーケターの間でも意外に認識されていないように思います。

広告は「覚えやすく忘れやすい」、ブランドはその逆

広告認知率の中のテレビCMを例にとると、テレビCM自体の方がブランド名よりも覚えやすいと思います。タレントや音楽、テロップなど覚えてもらうための工夫をたくさん凝らしているのがテレビCMです。例えばゼスプリのキウイブラザーズのC

M。ゼスプリというブランド名は覚えられる人とそうでない人がいるかもしれませんが、キウイの形をしたぬいぐるみが出ているCMということは、見てすぐに覚えられると思います。

こうした覚えやすいCMは、あとからどんどん出てきます。受験勉強でもそうですが、新しいことを覚えると、人は前に覚えていたことを忘れていきます。記憶のバケツには穴が開いているといった表現もされますが、広告認知率が覚えやすくて忘却もしやすいのはそうした事情によるものでしょう。一方、ブランドは覚えるのが難しいものです。その難しいところを乗り越えて覚えてきているので、忘れにくいのだと思います。

ブランド認知率が上がりやすいカテゴリーとは

一定量の広告出稿をした場合に、どのくらいの認知率が見込まれるのかを前もってシミュレーションすることがよくあります。広告認知率の場合はある程度の精度で予測することが可能ですが、ブランド認知率の予測を広告出稿量から事前に試算することは、非常に困難です。

まず、カテゴリーによる違いがかなり大きいです。生活者の目に触れるもののうち、広告はごく一部です。普段生活をしている中で自然に目に入るかどうかがブランド認知率の伸び方に大きく影響します。スーパーのドレッシング売り場で今回はどれにしようかと棚を見ているときの方が、自宅でCMを見ているときよりもドレッシングのことを考えているはずだからです。

生活の中であまり目に触れず、考えることもないカテゴリー（関与が低いという言い方をします）のブランド認知率はなかなか伸びません。例えば電気シェーバーや車のタイヤなどは日々使っていても、どこの会社の何というブランドかわからなかったりするものです。

生活の中で自然に目に入るということを最も意識してブランド認知率を高めている

のは、スターバックスではないかと思います。スターバックスは広告を出しませんが、「Main& Main（中心の中心へ）」という店舗のロケーション戦略に非常にコストをかけています。出店する街を選ぶだけでなく、その街の本当にいい場所に出店する。店舗そのものが屋外広告という発想で、車のディーラーも特に高級車においては同じような効果があると思います。ブランド認知率と広告について考える上で、こうした例は示唆に富んでいると思います。

人が認識しやすいのはブランドよりカテゴリー

スターバックスは結果として高いブランド認知率を獲得していますが、「顧客が実際に気に留めるのは新しいブランドではなく新しいカテゴリーである」との考えで、スペシャルティコーヒーというカテゴリーを世に広めることに専心したと言います。

例えば、「顔は思い出せるしどんな感じの人かも説明できるけれど、どうしてもその人の名前が思い出せない」という経験をされている方は多いでしょう。まずブランド認知が土台となって、そこにイメージなどが積み重なって好意に至るというのがブランド・レゾナンス・ピラミッドの想定する認識の順序ですが、それとは異なる順序もあり、むしろブランド名を覚えるよりもそれがどういうものであるという概念を覚える方が頭に入りやすい可能性があります。

今井むつみさんという発達心理学者は、2歳児に目の前にあるものの名前を教えると子供はそれを固有名詞ではなく一般名詞として認識するという指摘をされています。犬を見せながら「これはポチ」と教えると、他の犬も「ポチ」と呼ぶということです。「これに似たもの全体をこう呼ぶ」という理解の方が、人間の脳には本来、馴染んでいるものなのかもしれません。

そのように考えると、ブランド認知率を取る必要が本当にあるのか、という疑問もわいてきます。「パーフェクトサントリービール」というブランド名がわからなくても、「餃子やお好み焼きを食べるときにぴったりのガツンとした飲みごたえでなおかつ糖質ゼロのビール」というカテゴリーを認識していれば、購入に至ることは充分可能と思います。認知するのが難しく、かつ購入からも少し遠いところにあるブランド認知率よりも、適切なカテゴリーを切って、その認知を高めることにも着目していくべきではないかと考えます。

純粋想起のブランド認知率データが少ないわけ

並んだリストの中でチェックをつける助成想起のブランド認知率より、生活者が何か検索して調べようというときにヒントなしで頭に浮かぶ純粋想起のブランド認知率の方が検索行動に大きく影響するので重要である、という話はまったくその通りだろうと思います。しかし、それほど重要であるにもかかわらずあまり調査が行われないのは、実際のところデータを取るのが難しいからです。

純粋想起の調査では選択肢を提示できませんので、FA（自由回答）方式になります。そこで必然的に出てくる問題が「表記のゆれ」です。例えば「運送業者の名前を思いつくだけ挙げてください」という質問をした場合、「ヤマト運輸」と回答する人も、「クロネコヤマト」と回答する人もいます。それだけでなく、「クロネコ」「黒猫」「黒猫大和」というような、調査設計した側が思いつかないような回答も書かれます。また「ネコのマークの会社」という回答を「ヤマト運輸」のブランド名を純粋想起したと考えていいのかというような、境界線が曖昧な部分もたくさん出てきます。

「表記のゆれ」以外にも、純粋想起は数字が高くなりにくいことが多く、ブランドによっては10％未満ということもざらにあります。10％未満のような低い水準の中で、前回との比較で有意差を出すためにはサンプル数をかなり多く確保する必要があり、さらにFA集計もあるため、調査費用が高額になりがちです。現在、ほとんどのブランド認知率の調査が純粋想起ではなく助成想起で実施されているのは、このあたりが原因にあります。

目安となるのはカテゴリー内で3位以内

データを取るのが難しいのをふまえた上で、それでも純粋想起のブランド認知率を

ＫＰＩに据えようと考えた場合に、どのくらいの目標を置くのが良いのでしょうか。気になるのが、「回答者は通常、何個くらい答えるものなのか」と「検索の総量の中で上位ブランドが占める分布がどのくらいか」ということです。

まず「回答者が答えるブランドの個数」ですが、２０２２年に行った調査（次ページ）によると、４個以上答える人は多くのカテゴリーで20％以下となっています。つまり、80％の人は３個までしかブランドを答えないということです。「回転寿司チェーン」で異なった傾向が出ていますが、「スシロー」「くら寿司」「はま寿司」「かっぱ寿司」の４強に加え、地域を絞った展開をしているチェーンもあることから回答数が多くなりました。また「フードデリバリーサービス」は「ウーバーイーツ」と「出前館」に集中し、３個以上の回答者が20％を切る結果となっています。

次に「検索の総量に占める上位ブランド数の分布」ですが、上位３個までが検索総量の概ね60％を占めるという結果となっています。カテゴリーによって少しずつ状況は異なりますが、検索量を増やすということで考えれば、カテゴリー内で上位３位ま

回答者が答えるブランドの個数

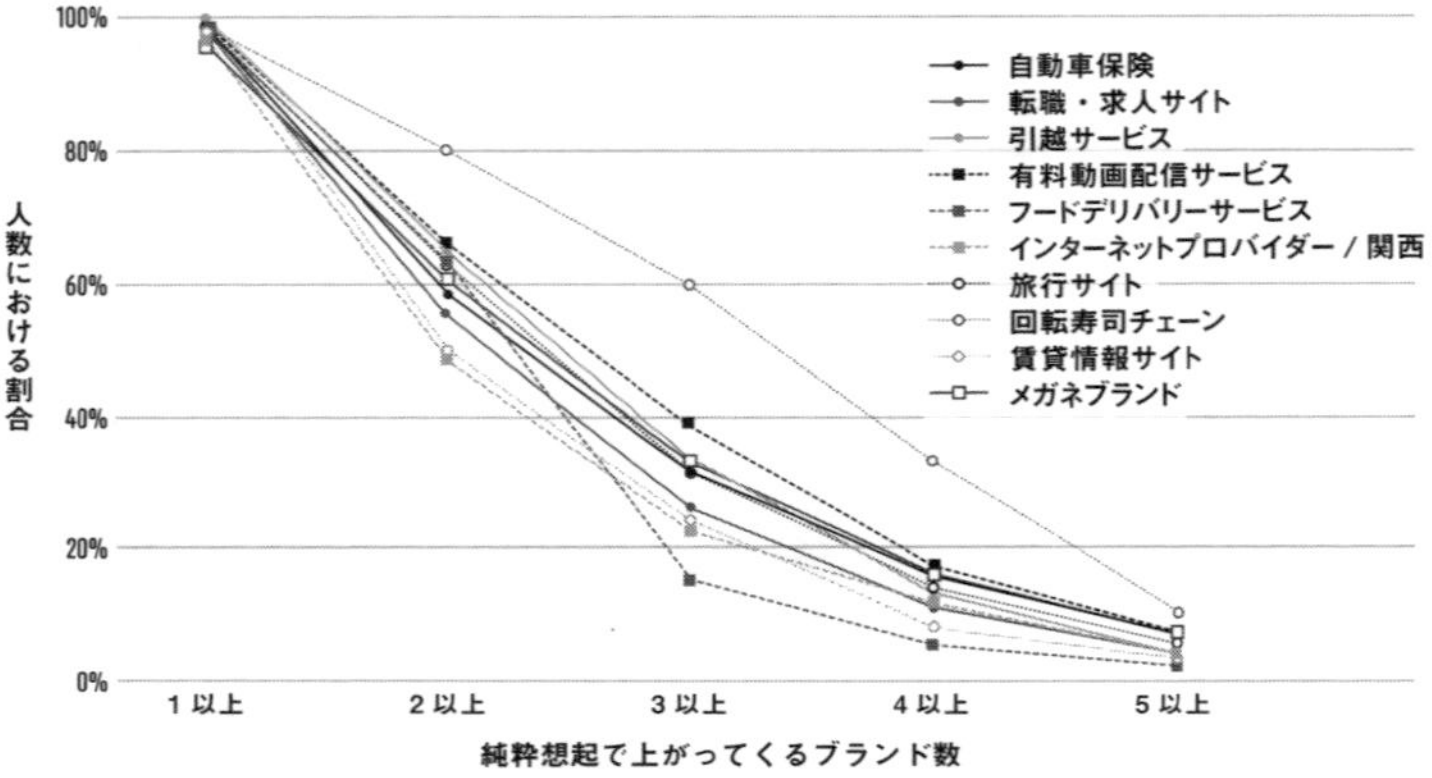

検索の総量に占める上位ブランド数の分布

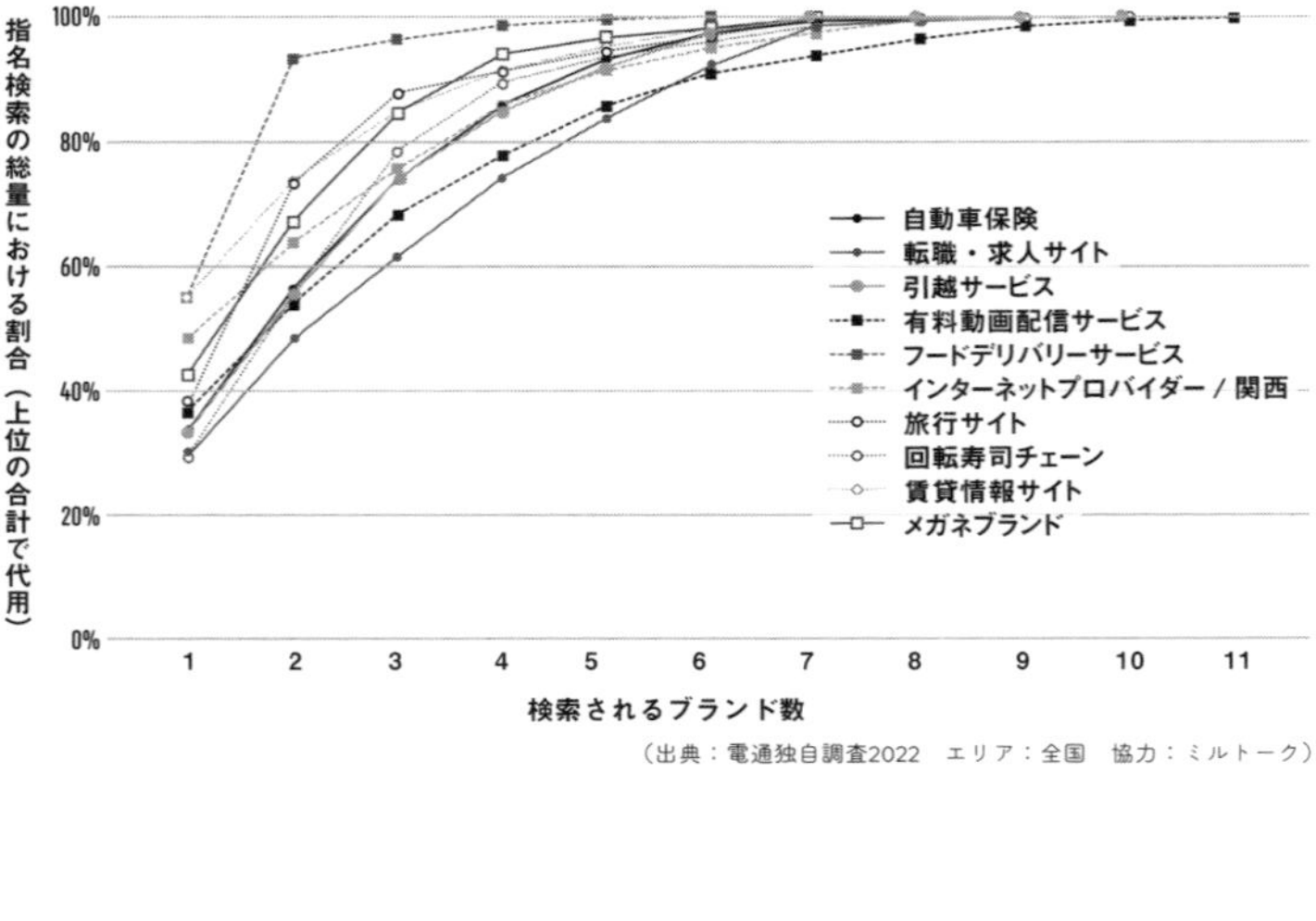

（出典：電通独自調査2022　エリア：全国　協力：ミルトーク）

でに入るのが一つの目安となってくるようです。

「純粋想起される＝検索される」とは限らない

純粋想起が多いと検索されやすいのは大雑把な傾向としてあるのですが、実際の生活においてどのように検索行動を行っているかというと、もう少し違った視点も持つ必要がありそうです。例えば子供の中学受験のため「進学塾」の検討をするとします。その際、頭の中に名前が浮かんだ塾をすべて端から調べていくことはしないはずです。

A塾は進学実績が高いけれども非常に厳しいとの評判を聞く、B塾は個別指導のイメージがある、C塾は基礎に力を入れていて仮に受験をしなくなっても公立中に行ってから役立ちそう、といった具合に、名前が浮かんだ時点でその名前に何かしらの意味が付着しているケースが多いと思います。そして、その時点で「うちの子供にはB塾かC塾が合いそう」といったフィルターがかかり、検索行動に移行します。A塾には最難関校コースだけでなく基礎コースも本当はあるのかもしれませんが、この場合、ブランド名の純粋想起はされているのに、詳しく調べてもらえないということになります。

自ブランドにとって望ましい意味と一緒に覚えてもらうことは非常に重要です。現在、自ブランドはどういった意味と合わせて純粋想起されているのか。その意味は、それでいいのか。広告主がよく考えるのは「自ブランドの本当の価値を知ってもらいたい」ということですが、それが生活者にとって理解できないケースは多いです。飛行機のビジネスクラスが「他の人より早く飛行機に搭乗できる」という話は生活者にもわかりますが、カメラの画素数が「旧モデルの4000万画素から5000万画素に進化した」という話は普通の生活者には理解できません。

「自ブランドを使うと生活者ができるようになること」が意味として付着した状態で、ブランド名が純粋想起される。付着している意味も含めて純粋想起のブランド認知率を捉えていくことが重要だと思います。

「ブランド連想」を競合と比較するべきではない

「ブランド連想」は、基本的にそのブランド固有のものです。カテゴリー内のいろいろなブランドがこぞって同じ「ブランド連想」を目指すわけではないので、偏差値などで競合と比較するのではなく、自ブランドのスコアを絶対値で評価していくべきだと思います。

例えばお菓子のグミについて考えると、コンビニやスーパーのグミのコーナーには非常に多くのブランドが並んでおり、同じグミでもそれぞれ異なった主張をしていることがわかります。「甘さ」「酸っぱさ」「フルーツ感」「味のバリエーション」「噛みごたえ」「形状のユニークさ」「小粒感」。「噛みごたえ」にしても「かたさ」「大きさ」「厚み」などがあり、「集中したい」「眠くならない」といったように用途もそれぞれ分岐をしていくでしょう。

「かたくて噛みごたえがあり、仕事や勉強で集中したいときの相棒」という方向性を目指している自ブランドと、同じグミのカテゴリーでよく売れているブランドだからと言って「フルーツ感があり、小粒で一度にたくさん口に入れられて幸せな気持ちになれる」という競合との「ブランド連想」を比較しても、あまり意味がありません。

「結果のブランド連想」と「原因のブランド連想」

ブランド連想には、「結果のブランド連想」というものがあります。グミのカテゴリーで言えば「楽しい気分になれる」とか「リフレッシュできる」といったものです。これらは購入した人がそのグミを食べ、何かを感じた結果としてそうなったということであり、グミの売り場の前で「楽しい気分になれるのはどれか?」という買い方をするわけではありません。

購入する人が売り場の前で考えるのは「原因のブランド連想」です。フルーツ感のあるおいしいグミに新しい季節限定の味が出たので購入した。期待通りおいしかったので、結果的に楽しい気分になった。その「ブランド連想」は、購入するタイミングで考えることであるかどうか、というのは設定する上で注意が必要です。

「ブランド連想」も上がるのに数年かかる

ブランド連想もブランド認知率と同様で、1回のキャンペーンで上がるということはほとんどなく、数年かけて少しずつ改善をしていくものです。生活者が自ブランドについて考えてくれるのは日常生活の中でほんの一瞬です。そして次の瞬間にはまた別なことを考えています。「これはこういうもの」という認識を変えるのは根気がいることです。

ニトリは、カーテンや枕を売っているのを世の中に認知してもらうのに発売開始から3〜5年かかったといいます。それまで家具屋さんでカーテンを売っているところがなかったからです。企業やブランドの変化が生活者の中に伝わるまでには、どうしてもタイムラグがあります。それをふまえ、さらに世のニーズもできる限り先読みした上で、目指すべき「ブランド連想」を考えていくのがいいでしょう。

「ブランド連想」で一本道のルートを作ろうとしてはいけない

「ブランド認知率」や「知覚品質」に傾注しすぎるのではなく、自ブランドに望ましい「ブランド連想」を育てることで、最も重要な「ロイヤリティ」に繋げていくことを考える必要があります。その際についやってしまうのが、一本道のルートを作ろうとしてしまうことです。自ブランドがずっと大切にしてきたことを守り、育てていくことは重要なのですが、「ブランド連想」が自然に増えていくことを拒絶したり、見て見ぬふりをすることは良くありません。

森永製菓の「inゼリー」はスポーツをする際の栄養補給と忙しい朝の朝食代わりという2つの柱で成長してきましたが、実はそれ以外にも体調不良時、受験応援、母校への差し入れなどさまざまな「ブランド連想」を育成していました。コロナ禍で出社が控えられるようになり「忙しい朝の朝食代わり」という需要が消え、外出がはばかられて「スポーツ時の栄養補給」で購入されることも少なくなった中、以前から育てていた2つの柱以外の飲用シーンを掘り起こすことで、早期の回復を達成しています。

環境の変化や強い競合の登場など、ブランドを取り巻く環境は大きく動いていきます。『ジキル博士とハイド氏』で知られる小説家ロバート・ルイス・スティーヴンソンは、「人生のサドルにゆるく腰掛けよ」という言葉を残しました。「ブランド連想」を育てていく際もこのようなスタンスで、柔軟に対応していくことが大切なのではないかと考えています。

こぼれ話 1

『黒牢城』の《寅申》

米澤穂信さんの『黒牢城《こくろうじょう》』という小説があります。織田信長に反逆した荒木村重と、それを説得に来た黒田官兵衛による歴史推理ものでたいへん面白い作品です。この中に、《寅申《とらさる》》という名前の茶壺が出てきます。「この壺ひとつで城が買えるとまで言われる」名器《寅申》が、物語の中で非常に重要な役割を果たします。一方、村重は家中の者に茶をふるまった際に使われていた茶碗について「さればこの茶碗も名物にご

こぼれ話 1

ざろうや」と聞かれ、「それは備前で焼かれたただの茶碗じゃ」と答えています。名器となる茶壷と、ただの茶碗があるわけです。

もともと武士の社会には鎌倉時代から、「御恩と奉公」というシステムがありました。戦功を立てると土地がもらえるGive&Takeの関係です。これが鎌倉中期以降、元寇などがわかりやすい例ですが、恩賞となる新たな土地がなくなったためにうまくいかなくなります。織田信長は勢力拡大の過程で部下のモチベーションを高めるため、このことについて考えていたと思います。ずっと土地が恩賞では足りなくなる。そこでどうするか。

当時窮乏していた足利将軍は、唐物という中国からきた茶道具を売って糊口を凌いでいました。小さくかつ貴重という茶道具の特性に、信長は恩賞としての可能性を感じたのでしょう。しかし唐物はそれほど数もなく、入手にコストがかかります。それなら、原価が安く自由に作れて（新たに作ったものを今焼と言います）価値があるものを作ればよい。価値を出すためにはその道の有名人を仕立て、「有名人お墨付きの茶道具」とすればよい。信長が千利休などに投資し権威が出るようにプロデュースしたのには、そうした狙いがあったとする歴史研究があります。

実際に、信長の後期の恩賞はほとんどが茶道具です。職人を雇い、現代であれば数万円の原価でいくつか作らせたうちの一部が、「千利休のお墨付き」という意味が加わることで「城が買える」ような何億円もの価値を生む。原価が同じでも、意味が加わることで価格が高くなる。信長は、ブランドというものの構造を理解していたと思われます。

「御恩と奉公」に代わる信長の恩賞システムを、「御茶湯御政道《おんちゃのゆごせいどう》」と言います。シルクロードで運ばれてきたり皇族から下賜されたなど、単独で貴重というものはそれまでにもありましたが、ブランドの構造を理解し、価値のあるものを新たに生み出して活用したのは、この信長の茶道具が日本史上で初めてなのではないかと思います。

SECT. 02

ターゲット設定

① 教科書における「ターゲット設定」の扱われ方

続いてターゲット設定について、考えていきます。ターゲットという概念のスタートは、フィリップ・コトラーのSTP分析からではないかと思います。

Segmentation　セグメンテーション
Targeting　ターゲティング
Positioning　ポジショニング

市場を細分化し（S）、どの市場を狙うかを考え（T）、その中で競合に対して自ブランドがどんな立ち位置を取るか（P）、というう非常にシンプルでわかりやすいフレームです。STPにおけるTは「どの市場を狙うか」ではありますが、市場でモノを買うのは人ですので、「どんな人を狙うか」という、現代におけるターゲットという言葉が指すものとさほど違いはないように思います。

そして、「**ペルソナ**」です。ターゲットは「30〜40代の有職女性で、子育てと仕事の両立に忙しい」というくらいの粒度でざっくりと設定するのに対し、ペルソナはもう少しリアルな細かい設定を行っていきます。ペルソナとターゲットは本来、別なものなのですが、違いがわかりにくく、ターゲットをより詳しくして解像度を上げたものがペルソナであるというような扱われ方をしているケースも多いかと思います。

❷ 現場における「ターゲット設定」の誤解

ペルソナがマーケターの間で非常に浸透した理由は、「企画書映え」するからだと思います。無味乾燥で読みにくい企画書であってもペルソナのページには想定されるお客様がこんな人だという画像があり、等身大で親近感のわく条件が書かれているので、その部分の話のときだけ会議の雰囲気が和らぐということはよくあります。たしかにこんな人が自分たちのお客様ですよね、という肌感覚が合っていると安心してもらうために使われることが多く、安心して終わりとなるケースも少なくありません。

ペルソナは、「そういう人であればどんなことを考えそうか」「どんなことに不満を感じていそうか」ということを考えやすくするために描くものです。つまり、ターゲットインサイトの話の手前にくるのが本来の位置なのですが、実際にはターゲットを設定したあとに具体的にはこんな人です、イメージ合っていますよねという形でターゲットの念押しとして使われることが多いです。そして、そこで設定された細かい情報が実際に施策を打つ際のデジタルターゲティングの検索ワードとして使用されたりします。これは、現場で非常に多いペルソナの誤用です。

落語家の立川談志は弟子を指導するときに、その登場人物が何歳で、仕事にどう向き合っていて、家族との仲はどうなのか、何が楽しみで何がつらいのかといった設定をとことん聞いたといいます。その設定は噺の中の台詞には直接的に出てきませんが、設定を突き詰めることで登場人物の地の言葉が出てくるようになる。ペルソナとはそういうもので、そこで想像した気持ちや内面は「描いたペルソナに似ている人」以外にも当てはまることが多いです。ペルソナを精緻に描くことと、ターゲットを広く設定することは両立する。これは非常に誤解されやすいところで、注意が必要です。

またターゲット設定についても、大きな2つの罠が存在します。「何を伝えるか」「どう伝えるか」の手前にあるのが「誰に伝えるか」で、ここが変わるとすべてが変わってしまうほどターゲット設定は重要なのですが、マーケターがつい陥ってしまいがちな2つの罠とは何で、なぜそれが問題なのでしょうか。

❸ 現場における「ターゲット設定」ご使用上の注意

ターゲット設定の罠①「不必要に狭くする」

つい陥ってしまいがちなターゲット設定の罠の1つめは、「不必要に狭くする」ということです。なぜそうなるかというと、「今回のターゲットは有職F1で、情報感度と健康意識が高く、趣味でヨガを楽しむ人です」といったように条件を付加したり絞っていくと、よく考えている感じがするからです。クライアントに対する広告会社、またクライアントの上司と現場の間でも、この心理は働きます。では、なぜ「狭くする」のが良くないのでしょうか。

「間口奥行分析」から見えてくるもの

左の図は、横軸に間口《まぐち》（＝1年で1個以上購入した人の割合）、縦軸に奥行《おくゆき》（＝1個以上購入者1人あたりが1年間でかけた金額）をとって散布図化した「間口奥行分析《まぐちおくゆきぶんせき》」と呼ばれるものです。これを見ると、同じカテゴリーのブランドはだいたい似たような位置に固まることがわかります。

チョコレート菓子や袋麺は図の下の方にあり、上の方には行きづらい傾向があります。なぜかというと、食品は食べるとおなかがいっぱいになるからです。お酒を一晩に10缶飲む人はいますが、袋麺を一晩に10袋食べる人はほぼいません。間口と奥行を掛け算したものが売上なので、縦に伸ばすのに限界があるとすると、横に伸びるしかありません。つまり、食品カテゴリーでは購入率を落とさないことが非常に重要になります。

胃腸薬は図の左の方にあり、右の方には行きづらいです。商品にはPain系とGain系という2つの系統があるのですが、痛みなどの悩みを減らすPain系の商品はその悩みを持たない層には必要ありませんので、喜びを増やすGain系に比べて購入率が上がりにくい傾向があります。近年多くなり始めた「面倒くさい」を減らすゆるいPain系（ウーバーイーツやスマ

間口奥行分析

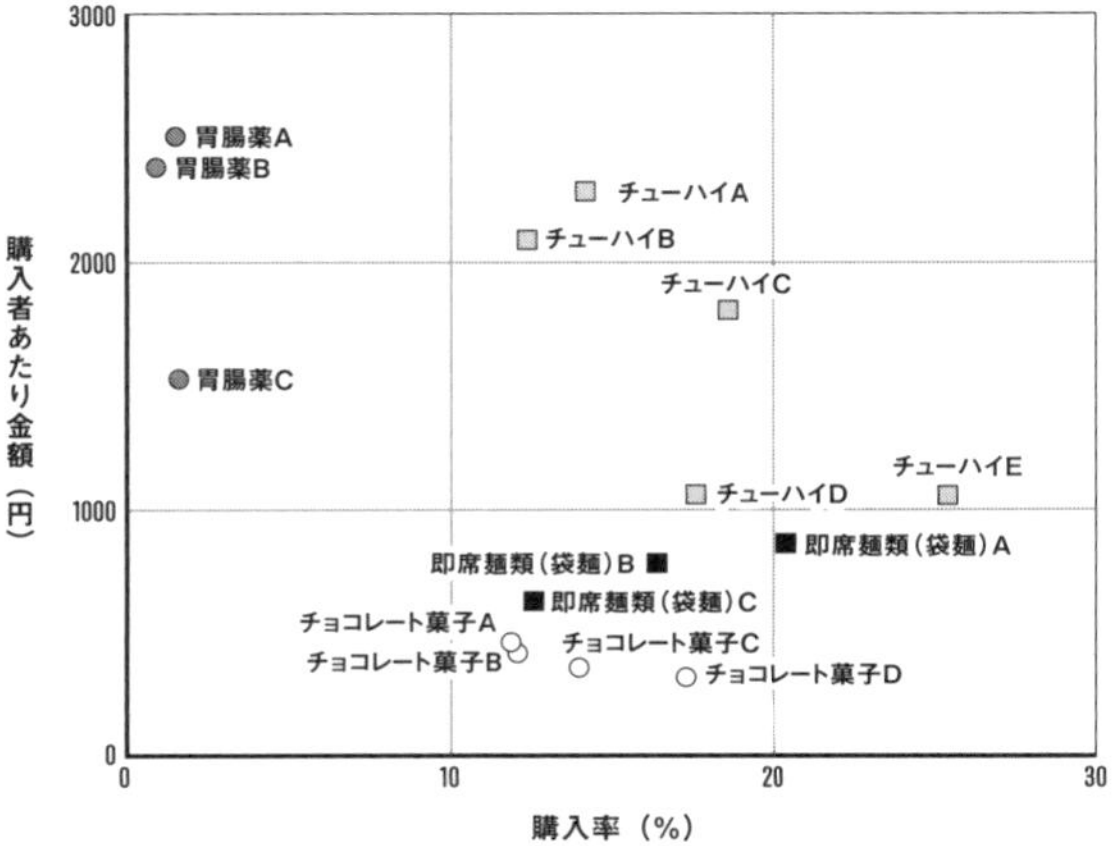

（出典：INTAGE　SCI 2021年データをもとに筆者作成）

ホ決済など）はPainの内容が普遍的なので間口を広げられる可能性がありますが、胃腸薬のような典型的なPain系カテゴリーは横に伸びづらく、売上を増やすには縦に伸びる方向を考えることになります。

このように、自ブランドが含まれるカテゴリーに「購入率は少なくともこれ以上なければうまくいかない」という線引きがある場合はかなり多いので、あまり絞ったターゲットにするのは考えものです。

「これは誰が食うてんねん」

以前担当させていただいたクライアントの日清食品に、米山慎一郎さんという方がおられます。明るく朗らかでありながら核心を突いたお言葉をたくさんいただく米山さんとの打合せはとても刺激的で、しっかり準備をして臨まなければならず、たいへん鍛えていただきました。クライアントと広告会社という関係性ではありましたが、自分にとってはマーケティングの師匠と言ってもいい存在です。

その米山さんがあるとき私に、「工場視察に行ったとき、ベルトコンベアでひっきりなしにものすごい量の商品が作られてくるのを見て、これは誰が食うてんねんと思った」というお話をされたことがありました。

日清食品のカップヌードルは、CMを見てもわかると思いますが、広告のターゲットを若者に設定しています。しかしカップヌードルを1年で1個以上購入する人の率は、実に50%を超えています（そんなブランドは他にほとんどありません）。若者を広告のターゲットに設定してはいるけれど、日本国民の50%以上が買ってくれることで成り立っているブランドなのだということを忘れないでプランニングを考えようね、というメッセージだったと理解しています。

ターゲット設定の罠②「不必要に若くする」

ついマーケターが陥ってしまいがちな罠の2つめは、「不必要に若くする」ことです。

実際に購買しているボリューム層は50代以上でも、広告ターゲットは30～40代というように、ターゲットを実購買層より若く設定しているクライアントは非常に多いです。「10年後・20年後のファンを育成していかなければならないから」という理由がよく挙げられます。

左の図は『日経トレンディ』が発表している毎年のヒット商品です。2011年の1位が「スマートフォン」。2012年の2位は「LINE」。その年のヒット商品になったということは、その前年まではそれを使っている人があまりいなかったと読みとれます。スマホやLINEのない生活を想像するのはもう難しいですが、それらはずっと前からあったわけではなく、たった10年くらいの歴史しかないことに注意を払う必要があります。

2012年頃まで、「缶コーヒー」は非常に多くの広告を打つカテゴリーで、年間トータル10万GRP以上のテレビCMを投下していました。それが2022年では「缶」と「ペットボトル」を合わせても半分以下になっています。10年間で、エナジードリンクの流行、セブンカフェやマックカフェなど多くの変化が市場で起こりました。サントリー、コカ・コーラ、キリンなどそれまで「缶コーヒー」カテゴリーでシェアを争ってきた顔ぶれとは異なるプレーヤーが参入し、10年経ったときには市場の様子がまったく様変わりしている。そうしたことが自ブランドの属するカテゴリーで今後起こる可能性は充分にあると見るべきで、マーケターの能力云々の問題でなく、どうやっても見通せないことはあるはずと考えた方がいいと思います。

人口は嘘をつかない

10年後のファンを育成するのがカテゴリ

『日経トレンディ』歴代ヒット商品

年	1位	2位	3位
2008年	プライベートブランド	Eee PC	Wii Fit
2009年	プリウス&インサイト	キリンフリー	ドラゴンクエスト9
2010年	食べるラー油	3D映画	スマートフォン
2011年	スマートフォン	Facebook	"節電"扇風機
2012年	東京スカイツリー	LINE	国内線LCC
2013年	コンビニコーヒー	パズル&ドラゴンズ	アベノミクス消費
2014年	アナと雪の女王	妖怪ウォッチ	ウィザーディング・ワールド・オブ・ハリー・ポッター
2015年	北陸新幹線	火花	インバウンド消費
2016年	ポケモンGO	君の名は。	IQOS
2017年	Nintendo Switch	明治 ザ・チョコレート	クラウドファンディング
2018年	安室奈美恵	ドライブレコーダー	ペットボトルコーヒー
2019年	ワークマン	タピオカ	PayPay
2020年	鬼滅の刃	マスク消費	あつまれ どうぶつの森
2021年	TikTok売れ	ウマ娘 プリティーダービー	シン・エヴァンゲリオン劇場版
2022年	Yakult1000/Y1000	ちいかわ	PCM冷却ネックリング
2023年	ChatGPT	chocoZAP	THE FIRST SLAM DUNK

ー自体の変動可能性を鑑みて現実的ではない以上、もっと短い時間軸を捉えていくことになります。そのときに、もっと重視しなければならないと考えられるのが人口の分布です。モノを買うのはヒトです。人口がどのように分布しているのかというのは、どのようにモノが売れるのかを考える上で、きわめて重要です。

２０２０年に行われた国勢調査で、１歳刻みの人口が最も多かったのは72歳でした。１９７３年の第２次ベビーブーム最盛期の出生数は２０９万人ですが、１９４９年の第１次ベビーブーム最盛期の出生数は、実に２７０万人です。亡くなられた方も多いですが、現在でも日本で最も人口が多いのは第１次の世代なのです。終戦までの数年間は出生率が低かったため少し前まで70代の人口は少なく、定量調査の対象者も「69歳まで」が多かったのですが、現在はむしろ60代より70代の人口の方が多い状況です。

70代を市場として重視しない発想は、以前の日本や、現代であればインドネシアのような人口ピラミッドであればそれほど問題はないでしょう。しかし現代の日本の状況をフラットに見れば、70代に目を向けるのは自然な発想だと思います。PwCの予測でインドネシアは2050年までにGDPで日本を抜くと言われていますが、人口とその分布はここにも大きく影響しています。今の日本におけるマーケティングを考えていく上で、人口は嘘をつかないということは、改めて捉え直す必要があるように思います。

70代はシニアという誤謬

画像素材のサイトで「70代」と検索すると、杖を持っていたり介護を受けていたりする人の画像が多く出てくるのですが、本当にこれが今のリアルな70代なのかという疑問を持つことがあります。もっと若々しくて、現役としてしっかり活動されている人が実際には多

日本とインドネシアの人口ピラミッド

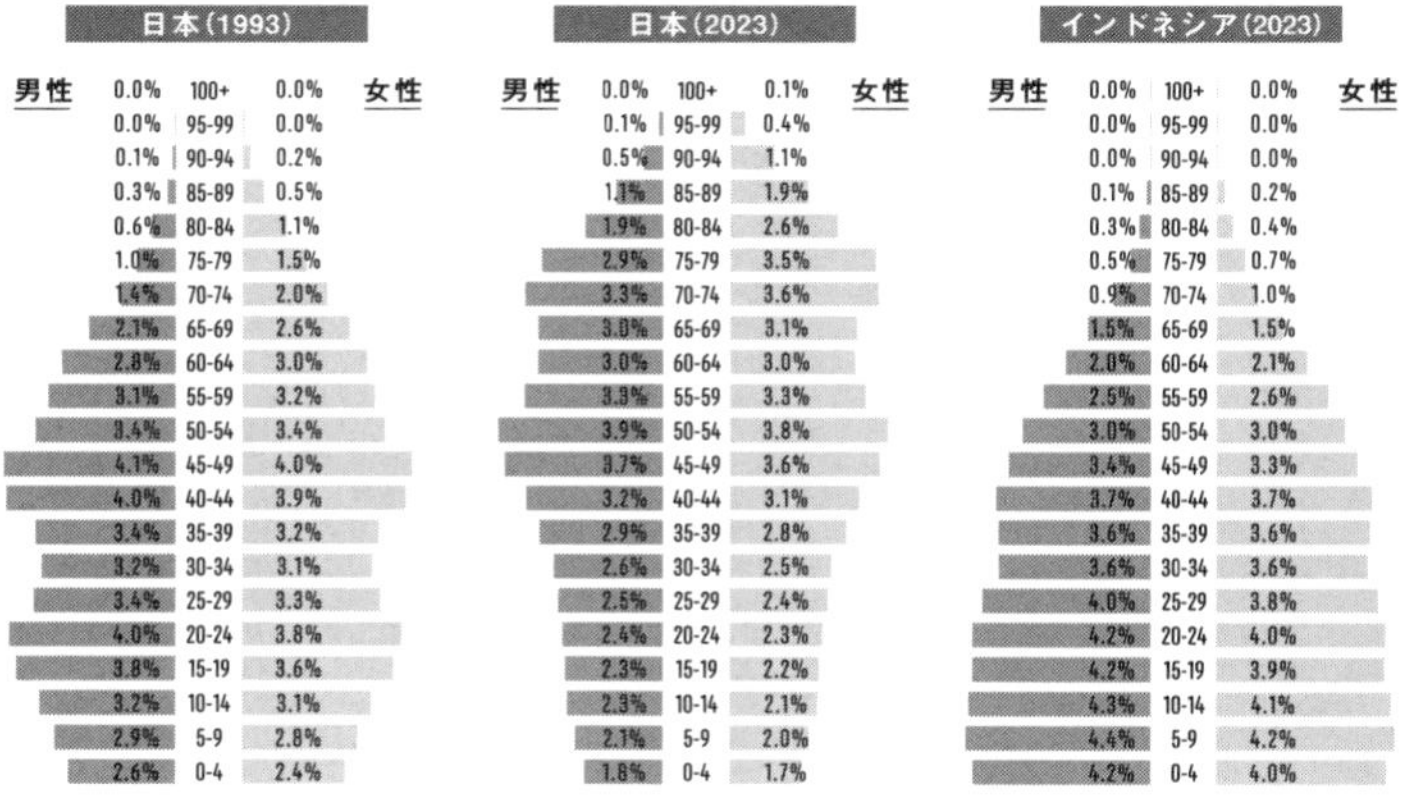

いのではないか。「シニア」という言葉自体にも、ニュアンスとして誤解しやすい要素が含まれているように感じます。

２０２３年4月に、囲碁棋士の杉内寿子八段が公式戦で女性最年長勝利を挙げたことがニュースになりました。その記録は、96歳１カ月です。全棋士の最年長勝利記録は夫の故・杉内雅男九段が持つ96歳10カ月。こういった話を聞くと、70代をターゲットから外す意味がわからなくなってきます。

また、少子高齢化についてはよく議論されますが、晩婚化・晩産化にも注目していく必要があります（『晩』という言葉が合っているかは疑問に思うところですが）。親と子供の年齢差が広がると、学費の面で、親が何歳まで働くかという年齢が上がっていきます。今の60代はかつての60代ではないし、70代もしかり。自民党の青年局の「青年」とは45歳以下を指すそうですが、年齢を表すさまざまな言葉を見直していく時期に来ているのかもしれません。

上の世代を狙うことにチャンスがある理由

上の世代をターゲットにするというとBS放送で見る健康食品の通販CMのようなものをついイメージしてしまいますが、あからさまに「あなたはシニアですよね」という見え方になるものは忌避されやすく、よくありません。まっすぐその世代を狙うというよりは、別な客層としてその世代を意識する。自分たちが買って使っても若ぶっているように見えない、恥ずかしくないと思ってもらうことが大事です。

上の世代を狙うことにチャンスがあると思う理由は、3つあります。1つめは、ブランドスイッチをあまりしないためリピーターになる可能性が高いこと。2つめは、健康が最もわかりやすい例ですが、美容でも、ゴルフなどの趣味でも、若い頃とは違っていろいろと問題が出てくるので、商品の機能訴求は若い世代に比べて届きやすくなること。3つめは、これが最も大事なのですが、競合他社が見落としがちなターゲットであるということです。3つめだけでも、検討するには充分な理由になるのではないでしょうか。

ターゲット設定の前に考えること

エリック・シュルツの「戦略的コンセプトのＡＢＣ」の中で、Ａ（Audience＝ターゲット消費者）が誰であるかはＢ（Benefit＝便益）よりも先に検討されなければならないと述べられています。ターゲットが変われば便益も変わるからというのがその理由で、何を伝えるか、どう伝えるかもそれに応じて変わっていきます。

では最初に考え始めるのがターゲットでいいのかというと、その前にも考えなくてはならないことがあります。それが**競合の設定**です。競合というとProductが似ているものだけがイメージされがちですが、競合とは「置き換えうるもの」のことを指すので、Productが似ているかどうかは実はあまり重要ではありません。

ファミリーマートの大ヒット商品に「ファミチキ」がありますが、ファミチキが発売された２００６年当時、ケンタッキーフライドチキンの売上は落ちませんでした。ファミチキとケンタッキーはProductが似ていますが、大きく異なるのはPlace（買いやすさ）です。当時、ケンタッキーの店舗数が約1000店舗だったのに対してファミリーマートは約6000店舗あり、顧客からの物理的な距離が大きく違いました。

Productが似ていても競合しないケースはありますし、まったく違うProductが食い合うケースもあります。2022年にJR東海が放送したテレビCMは、深津絵里さんが演じるビジネスパーソンが新幹線を使って出張し、取引先とじかに打合せするという内容でした。『会うって、特別だったんだ。』というキャッチコピーのこの広告は、競合がテレビ会議です。同じく深津絵里さんの起用で1988年に放送され一世を風靡した、恋人たちが新幹線のホームで会う「クリスマス・エクスプレス」というCMは、キャッチコピーが『会うのが、いちばん。』。このときの競合は、電話でした。

新幹線の広告の競合といえば、飛行機などの別な交通手段ではないかと考えてしまいがちですが、もしそうであればキャッチコピーが変わってきます。飛行機でも、会うことはできるからです。この広告は何を訴求しているのか（いわゆるWhat to say）と、何を競合と捉えている広告なのかが一対一で対応していると考えていいと思います。

ターゲット設定は、「他の何から自ブランドに置き換えてもらうのか」という競合設定をまず行ってから、そのあとという順序になります。

こぼれ話 2

Soup Stock Tokyoの「秋野つゆ」

ターゲットとペルソナは本来は別なものですが、違いがわかりにくく混同されるケースがあるという話をしました。ここではSoup Stock Tokyoの「秋野つゆ」について、私の捉え方を書いてみたいと思います。

「秋野つゆ」はSoup Stock Tokyoの立ち上げ時に設定された架空の人格で、どのようなことを好み、どのような生活をしたいと考えているかが想像しやすいように作られています。Web記事などでは「ペルソナの成功例」と表現されることも多いようですが、Soup Stock Tokyoの方のインタビュー記事によると「秋野つゆ」は顧客像ではなくブランドそのものであり、ブランドを擬人化したものであるとしています。

Soup Stock Tokyoはその設定された人格を、お店づくりや商品づくり、出店計画や価格帯などを決めるときに「秋野つゆ」という人が好みそうかどうかという観点で考えたそうです。通常のペルソナはマーケティングの4Pの中のPromotionをどうするかを考えるときに生活者の気持ちを想像しやすくするために描くものであるのに対し、Soup Stock Tokyoの場合は主にProduct, Price, Placeという他の3つをどうするかというところで使っているという違いはありますが、使い方としてはペルソナと同じだと思います。

ただ、ペルソナとはどういうものかについて実際には誤認もかなりされており、ターゲットとの意味的な混同も多いという状況の中で、「秋野つゆ」がペルソナであるという認識が広まり過ぎると、「秋野つゆ」的ではない人が「自分向けの店ではない」と勝手に判断して足が遠のくということに繋がるのをSoup Stock Tokyoとしては避けたかったのではないかという気はします。

こぼれ話 2

こんな人に喜んでもらいたいという顧客像を描いて商品やサービスを磨くこととは別な軸として重要なのが、「そうした顧客像とは異なる人々を排他しないでいられるかどうか」ということです。最も相性が良いと思われる顧客像に喜んでもらうことと、そうではない顧客から「自分が行くのは場違いだ」とか「恥ずかしい」「怖そうだ」と思われてしまうことは必ずしもトレードオフではありません。

Soup Stock Tokyoは、「秋野つゆ」的ではない人が「自分が行っても大丈夫」と感じることも意識した、非常に上手な展開をされているように感じます。

CHAPTER 3

過剰な設計

疑いの型の二つめは、「過剰な設計」です。広告のプランニングをしていく上で、マーケティング・フレームを使って考えること自体は有益なのですが、それに基づこうとしすぎるあまり、本来は設計しなくていいことまで設計してしまうということがあります。ここではマーケティング・フレームの定番中の定番とも言える「パーチェスファネル」と「カスタマージャーニー」を扱います。では、始めましょう。

SECT. 01

パーチェスファネル

1 教科書における「パーチェスファネル」の扱われ方

パーチェスファネル（以下、ファネル）は、消費者が購入に至るまでに意識が徐々に推移していくことを前提として、それを階層的に図にしたものです。「ファネル」は理科の実験で使う「漏斗」の意味で、下に行くほど細くなっていくことからその名がついているとされています。

階層に何を用いるかはケースバイケースですが、多くの場合は一番上に「認知」を置き、一番下に「購入」を置きます。そしてそれぞれの意識の階層にいる人がどのくらいいるかというパーセンテージを取り、下の階層に行くまでの歩留率を計算します。

一番下の「購入」を大きくするために、どこで漏斗の幅が狭くなっているかを知ることで改善点を発見するというのがファネルの考え方です。

そこに近年追加されたのが、購入者が購入したあとに他者へ影響を与えていくという部分（インフルエンスファネル＝次ページ参照）です。もはや漏斗の形をしておりませんが、この追加された部分も含めてダブルファネルと呼ばれています。

「インフルエンスファネルが、なぜ下に行くにつれて太くなっていくのか」は疑問が残るところですが、あまり明快な説明はされて

パーチェスファネルの例

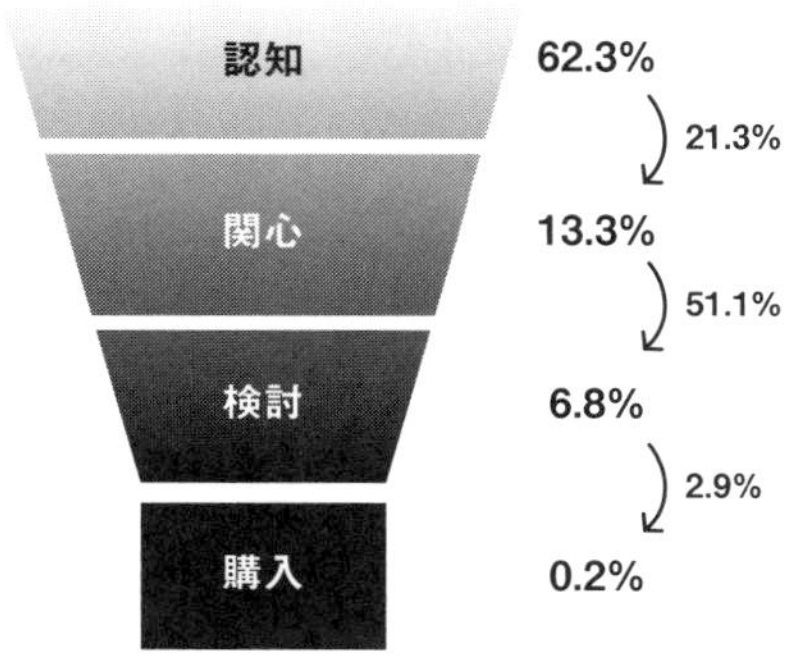

いないようです（継続する人は購入する人よりも少ないはずです）。インフルエンスファネルが用いられるのは「購入者が周りの未購入者に対して良い影響を与えてくれるようになる取り組みが必要だ」という文脈で使用されることが多いため、重要であるという印象を残すために太くしている可能性もあると思います。現実的には、「購入」より上が心理指標であるのに対し、下は行動指標であることが多いため計測が難しく、改善点の発見には繋げにくいという問題点があります。

ダブルファネルの例

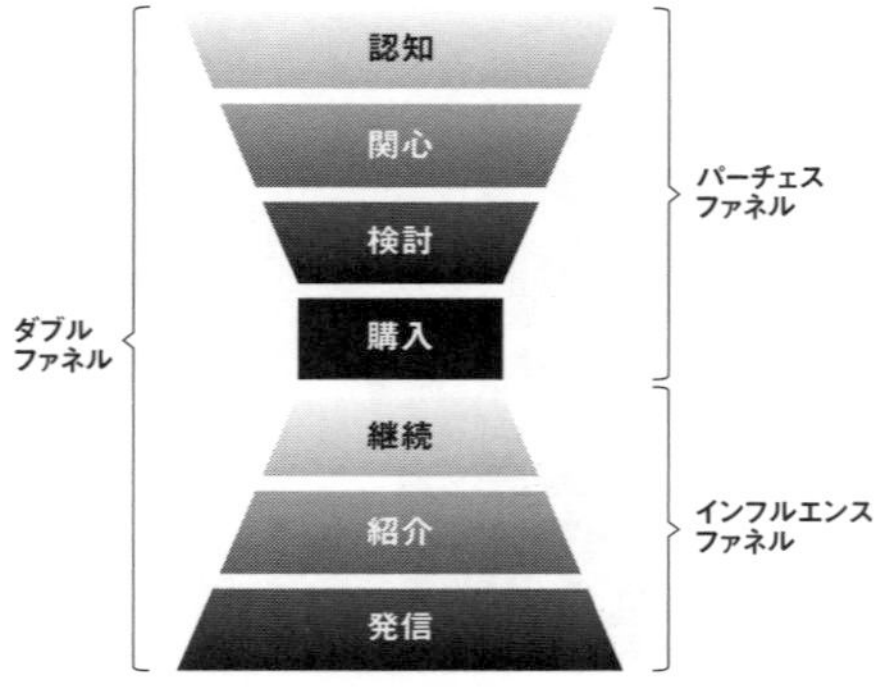

② 現場における「パーチェスファネル」の誤解

ファネルの元になっているのは購買行動モデルで、ＡＩＤＭＡやＡＩＳＡＳ、５Ａなど他にもいろいろなフレームがあります。これらは「ヒトがモノを買うときの行動をモデル化する」ということを試みているわけですが、よく間違って理解されているのは、購買行動モデルを提唱した先人たちは「１つのキャンペーンの中にこれらを網羅する形で施策を置きなさい」とは言っていないということです。

「購買行動はこのような形でパターンとして説明できることが多いのではないか」という話と、「キャンペーンの構成」というまっ

さまざまな購買行動モデル

AIDMA《アイドマ》	AISAS《アイサス》	5A《ファイブエー》
Attention 認知	Attention 認知	Aware 認知
Interest 興味	Interest 興味	Appeal 訴求
Desire 欲求	Search 検索	Ask 調査
Memory 記憶	Action 行動	Act 行動
Action 行動	Share 共有	Advocate 奨励
サミュエル・ローランド・ホール（1924年）	電通（2004年）	フィリップ・コトラー（2016年）

たく別な話が、混同されてしまっている現状があります。なぜそうなったのか。それは、施策の地図としてファネルを使う使い方が広まったからです。テレビCMを打つのは認知を高めるため。SNSを使うのは検討を強化するため。「この施策は何のためで、どこに位置しているか」をファネルで図示する**「地図のファネル」**が、現在はかなり多いファネルの使われ方になっています。

そうするとどうなるか。空白のままで空けておくのが気持ち悪くなります。ここは空けておいていいのか、と上層部に聞かれ、考えが足りていないように見える。それが嫌なので埋める。そのようにして、一気通貫で隙がなく見えるプランができあがります。組み上がった図が精緻でいかにも良い広告プランに見えるのですが、なぜうまくいかないことがあるのか。そして、どのように使うのが本来の使い方なのかについてお話しします。

3 現場における「パーチェスファネル」ご使用上の注意

「必ずファネルに落とし込む」はできるのか？

「地図のファネル」の問題点について触れる前に、そもそもファネルがどんな場合でも使える万能フレームであるのかどうかについて考えていきます。ファネルはあまりにも有名でわかりやすいため、マーケティングが専門ではない上層部の方々が「ファネルで考えてみたら？」と言っているのでそれでお願いします、という指示をクライアントから受けることも多くあります。しかし、どんなフレームにも当然のことながら、向き不向きがあります。

購買行動には、「**ブランド計画購買**」「**カテゴリー計画購買**」「**非計画購買**」があります。例えばコンビニでキリンの「淡麗」を買ったとして、コンビニに入る前から「淡麗」を買うつもりでいたならブランド計画購買、「淡麗」かどうかはともかく何かビール

・発泡酒を買おうとしていたならカテゴリー計画購買、ビール・発泡酒を買うつもりはなかったけれど結果的に買ったなら非計画購買となります。スーパーにおける洗剤の購買行動は、自宅で使っている洗剤が切れそうになって「洗剤を買わないと」と思ってスーパーに来ていますし、普段使っているものにそれほど不満がなければ続けて買うので、ブランド計画購買が多くなります。

商品カテゴリーによって、それぞれの比率には傾向があります。意識ベースなのでPOSで取れないデータですが、広告プランを考えていく上でこの前提をふまえておくことは、非常に重要です。

計画購買比率（スーパー）

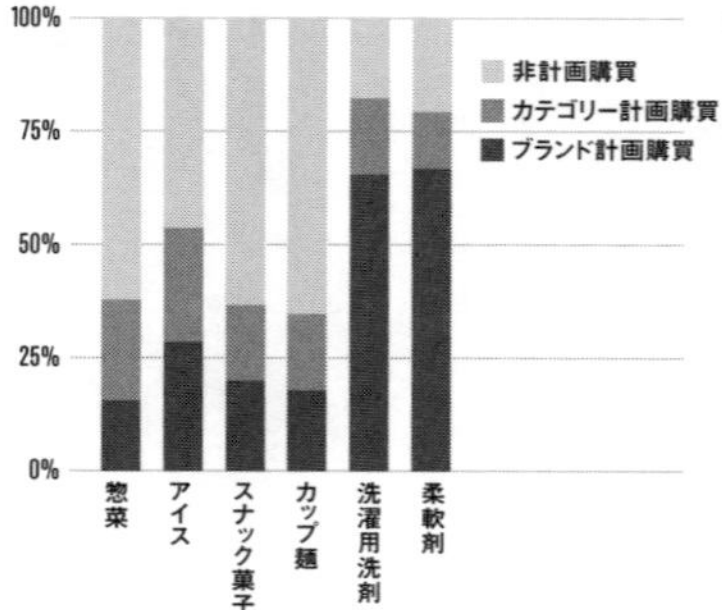

計画購買比率（コンビニ）

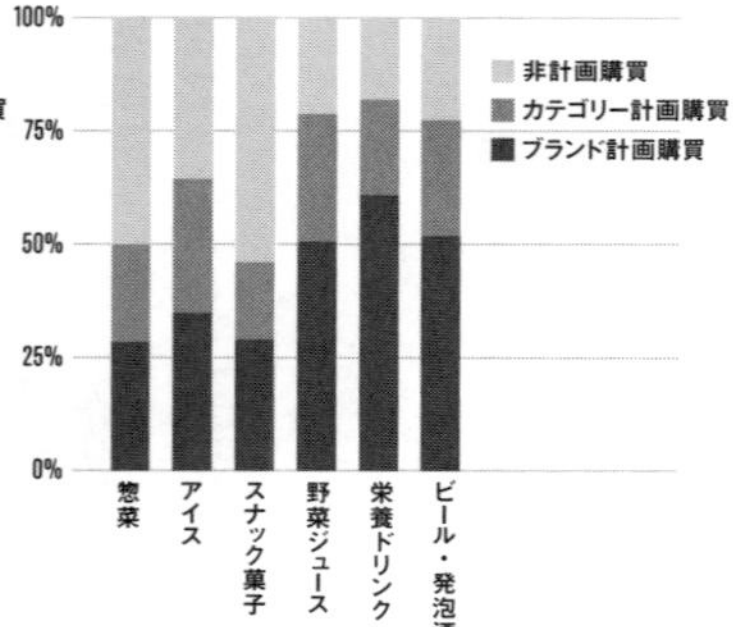

（出典：(財)流通経済研究所『インストア・マーチャンダイジング』2017）

基本的に、非計画購買が多いカテゴリーでは店頭で初めて存在を知り、そのままぱっと買ってしまうので、そもそもファネルが向きません。主戦場が店頭になりますので、そこで一歩前に出るために有効になるなら、店頭を支援するためにテレビＣＭなどの認知施策をする。はじめにテレビＣＭを当ててから下におろしてきて店頭で購入という構造ではないのです。

非計画購買が多いカテゴリーでも、部分的にはブランド計画購買も起こっています。例えば明治の「チョコレート効果」やアイスの「ハーゲンダッツ」などです。「チョコレート効果」はそれまでチョコレートを食べていなかったポリフェノール関心層が購入しており、チョコレートの中で何かを探すのではなく「チョコレート効果」であることに価値を感じて購入するという顧客層を持っています。

非計画購買が１００％のカテゴリーというのはないわけですが、属しているカテゴリーが基本的にどういう特徴を持っているのか、その中において自ブランドの戦い方はどうなのか、が考える順番です。ファネルは万能ではなく、向かないカテゴリーも多々あると認識した上で、プランニングを行っていくのがいいと思います。

「地図のファネル」がうまくいかないわけ

施策をくまなく配置し、一見すると隙がないプラン。しかしうまく機能しないのはなぜでしょうか。

例えばこのようなファネルを作ったとしましょう。ターゲットが20〜40代男女で、約4000万人。認知施策のテレビCMで広告認知率50%を取り、Webs動画を2000万人に見せて関心を取り、80万人にSNSを当てて検討してもらい、バナー・リスティングの刈り取り施策で40万人にコンバージョンさせる。これを見ると、テレビCMを見た2000万人のうちの200万人がWeb動画を見るのだな、と思います。そう見えるように描いている図だからです。つまり一番下の40万人は、全部を踏んで下まで来た、という印象を受けます。

ところが実際は、４段階で構えた施策をすべて重複接触するという人は、きわめて少ないのです。なぜならテレビＣＭを見た人だけにＷｅｂ動画を見せることができないからです。テレビＣＭを見たかどうかにかかわらず同じ確率でＷｅｂ動画を見るものと割り切って考えると、前述の例ではテレビＣＭの広告認知率が50％、Ｗｅｂ動画は４０００万人中２００万人が見るので５％。両方の重複は50％×５％＝２・５％。同様にその下のＳＮＳとバナー・リスティングも計算すると、４段階をすべて重複接触する人は計算上では０・０００５％、たった２００人になります。一見すると一気通貫に見えるのですが、全部を

「地図のファネル」の例

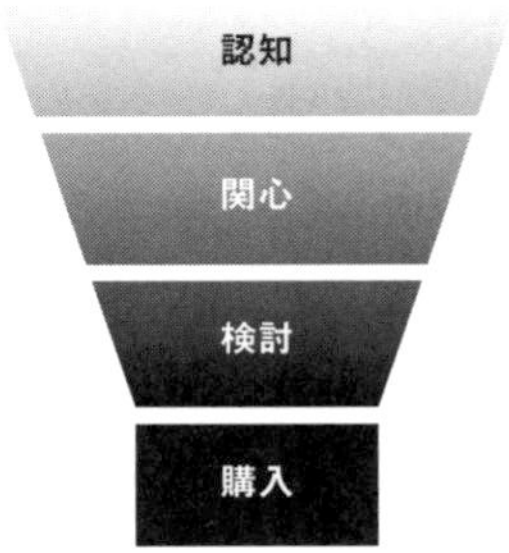

施策	想定到達人数
テレビCM	20,000,000人
Web動画	2,000,000人
SNS	800,000人
バナー・リスティング	400,000人

知っているのは関係者だけで、一般生活者にはそれぞれ一部しか見えていないということが往々にして起こります。

結線テレビなどを使って複数の施策を重複して当てる取り組みはかなり前から行われていますが、当てられる数には限りがあり、複数当たればこのように行動や気持ちが変わるという実験としての用いられ方が多いのが現状です。2002年の映画『マイノリティ・リポート』で描かれた、屋外広告が個人を認識してその人に合った広告を見せるという方法は、技術的にはだいぶ見えてきているようですが、費用的・倫理的な側面など、まだしばらく先の未来である気がします。

「地図のファネル」は資源の分散につながる

特定のAさんに4段階の施策を当てて認知から購入に持っていくのが絵に描いた餅である以上、地図のファネルを埋めることは、Aさん・Bさん・Cさん・Dさんにそれぞれ意味合いの異なる別な施策を当てるということにほかなりません。そうなると、購買行動のすべてを企業側がお世話してあげないと買ってくれないのか？　という疑問も出てきます。

ＭＭＭ（マーケティング・ミックス・モデリング）などを持ち出すまでもなく普通に考えて、企業側が今年１年間何も広告活動をしなくても、売上は０円にはなりません。その上で、何をすると売上が最大化できるのかということですので、すべてに手当てをする必要はないし、予算や時間やマンパワーが有限であることを考えれば、できるだけ優先度の高いところに集中する方がよいでしょう。

ファネルは本来「カルテ」として使うもの

ファネルの本来の使い方は、「自己診断カルテ」です。例えば信託銀行というカテゴリーで、自社と競合のＸ社を比較してみましょう。

まず、信託銀行がお客様から資産を預けていただくまでに重要と考えられる心理変容ステップを設定します。そして、自社と競合社の現在の状況を調査して計測し、比較します。

例えば「知っている」は同程度ですが、「興味を引く」が競合のX社に対して劣っていたとしましょう。「興味を引く」から下の歩留率は競合よりも優れているので、この「興味を引く」を競合並みに引き上げることができれば、勝てそうです。このように、横並びで比較して自社の課題を発見するために使用する**「カルテのファネル」**が、本来のファネルの使い方です。

調査して計測するところまではいいのです

ここまでデータが揃って、初めてファネルは意味を持つ

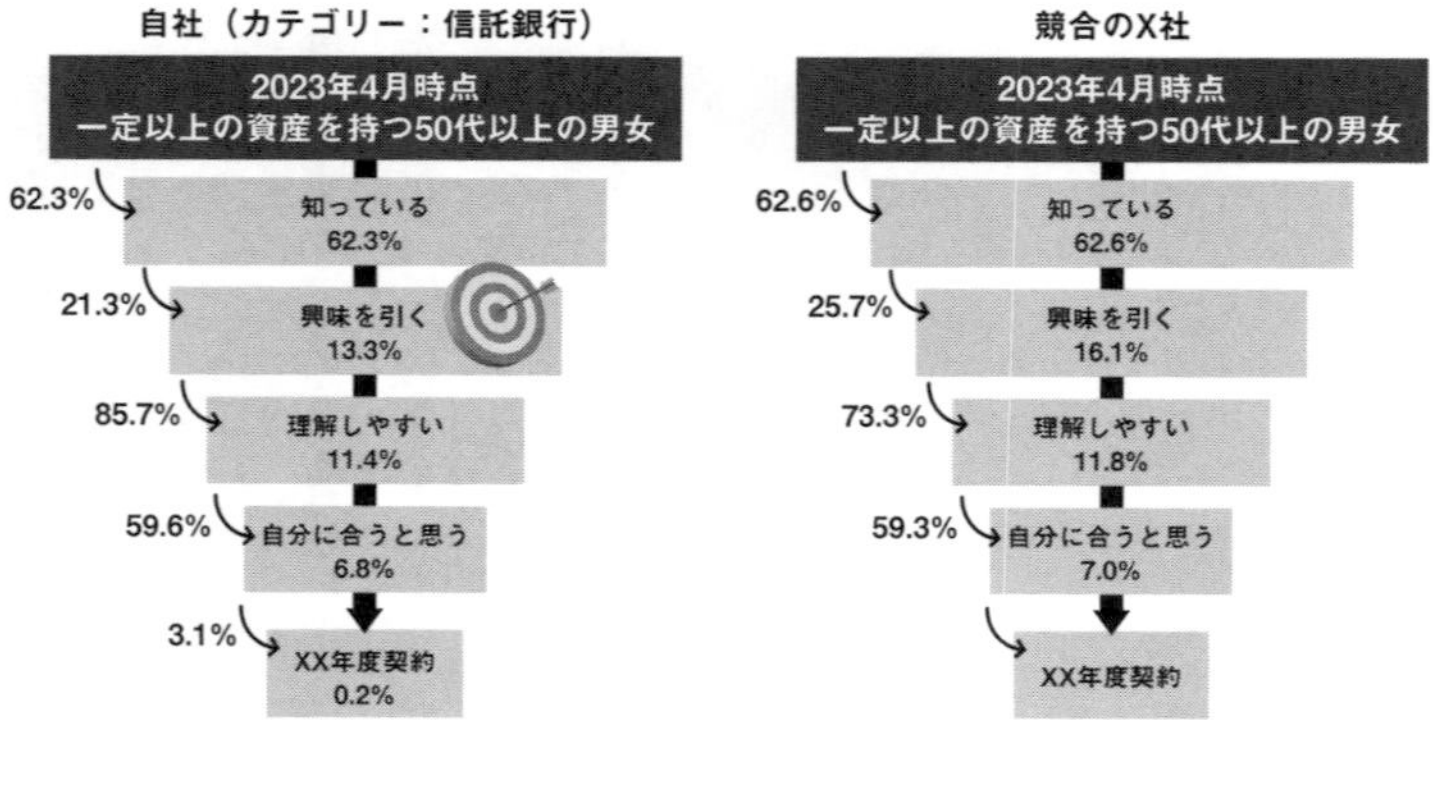

が、競合社のデータを取らずに自社だけを取り、数字が見えたところでハタと困る、というケースがあります。自社の数字や歩留率が取れただけでは、どこが課題なのかはわかりません。また、汎用的な調査データから「ブランド認知」「特徴認知」「購入意向」「購入経験」などの項目でファネルをつくるというケースもありますが、そこから課題を発見することは難しいです。あくまでもそのカテゴリーにとって、購入までに重要となる心理変容ステップの数字を把握する必要があります。

重要な心理変容ステップはカテゴリーごとに異なる

今回は信託銀行の心理変容ステップの例で考えましたが、このステップはカテゴリーごとに精査が必要です。例えばスポーツジムの契約を検討する場合は、「通いやすい場所にあるか」「費用はどうか」「設備が充実しているか」「知名度」「信頼」などに加えて、「スタッフの感じがいいか」とか「自分が使う時間帯の混みぐあい」も重要となりそうです。

化粧品カテゴリーでは「自分に合うか」が重要になります。乾燥肌・脂性肌などの肌質や色味との相性、紫外線対策など自分の欲しい効果が得られるか。売り場でこれほどテスターが充実しているのは、化粧品カテゴリーの「つけてみないとわからない」という特徴を示しています。

TikTokで人気の動画に「腕時計の修理」というジャンルがあります。高級腕時計の「時間がわかる」という機能自体は他のものでも代替できますが、小さなパーツが奇跡的なまでに精巧に組み上げられている美しさや、背景にあるストーリー、哲学といったものを感じることで関与が高まるカテゴリーと考え

心理変容ステップの例

・知っている	・人に聞きたいと思う	・試したいと思う
・印象に残る	・ネットやSNSで調べたいと思う	・問合せ・資料請求をする
・興味を持つ	・比較検討する	・店頭で確認する
・特徴を理解できる	・評判がよいと感じる	・人に話したいと思う
・信頼を感じる	・好感を持つ	・購入したいと思う
・詳しく知りたいと思う	・親しみを感じる	
・話題になっていると感じる	・自分に合っていると感じる	

られます。

このように、カテゴリーによって重要な心理変容ステップが異なることを意識して、そのカテゴリーに合った項目の数字を確認していくことが重要です。

重要にもかかわらず意外に見過ごされがちなもの

おばあちゃんがお孫さんにお小遣いをあげる場面では、「何でも好きなものを買いなさい」と言うと思います。「何でも知っているものを買いなさい」とか、「特徴がわかるものを買いなさい」とは言いません。

第2章「ブランド認知」のところで少しお話ししましたが、ブランド・エクイティの中で最も重要とされているのがロイヤリティ、つまり**好きという状態をいかにつくるか**です。特徴認知よりも好意の方が購入経験と相関が強い、というケースもよくあります。「特徴はそんなに詳しくわかっていないけれど、好きなので買っている」という状態です。

「好意」は心理変容ステップの中で購入に大きな影響を与える項目ですが、意外に見過ごされがちです。そしてやっかいなのは、ブランドが好まれる理由が一つではないということです。スターバックスを好きな理由、ユニクロを好きな理由。百人百様とまではいきませんが、みんな少しずつ違う理由で好き。強いブランドほど、そうなります。

重要な心理変容ステップはカテゴリーごとに異なるという話を前の項目でしましたが、その中の好意や好感といった項目については、ファネルを設計する上でことさらに注意を払う必要があるように思います。どのステップにフォーカスするかを絞り込むためにはどのように買われているかというカテゴリーの理解も必要ですし、何を競合とするかも関係してきます。つまり、戦略の根幹にかかわる部分で議論し、考えていく必要があります。

また、調査で数字を取るためには費用がかかります。施策にかける費用を削ってでも調査を行うか。どの項目を取るかについて議論していく際には時間も必要になります。費用や時間という限りある資源を投下するという意味で、「ファネルを使うかどうか」ということ自体が戦略上、一つの選択になるというわけです。

こぼれ話 3

購入しそうな人だけにコミュニケーションすればいいのか？

第2章で、どんな場合でも認知からスタートするのがよいのかについて話をしました。ファネルにおいても同様で、最上部に置かれることの多い認知からその下への歩留率があまり高くないケースにおいては特に、認知にそれほど予算をかける必要があるのかどうかという議論が起こります。認知を上げるためには多くの人に到達する広告などを打つことになり、費用がかさむ傾向があるからです。

デジタル広告などでよく言われるのは「購入しそうな人だけにコミュニケーション

こぼれ話 3

をすべき」ということで、一見理にかなっているように聞こえます。認知にかけている広告予算をカットしても特に問題が生じないのであれば、大幅な効率化に繋がります。ではたして本当に、「特に問題が生じない」のでしょうか。

先日、長崎県の壱岐という島に旅行をしました。博多からジェットフォイルという高速船で1時間あまりなのですが、びっくりするほど海が綺麗で、静かないい島でした。自然の美しさや豊かな食の楽しみだけでなく、中国との地理的な関係からくる歴史的なスポットも多くあり、観光資源にはたいへん恵まれています。ただ、人があまりいないせいか、お店は少なめです。

一方、博多は本当に大都会で、街単体としては新宿や渋谷よりも賑わっているのではないかと思うほどでした。壱岐と博多、1時間しか離れていないのに、なぜこれだけ違うのか。そのときに感じたのは、売られるモノの数や種類は買うヒトの数と比例するわけではなさそうだということです。ヒトの数が10倍になるとモノの数や種類は100倍といったように、指数関数的に増えていくように思います。

なぜかというと、「自分はこういう人です」ということを買ったもので表現したいという気持ちがあるからです。高級輸入車のカテゴリーで言えば、「アウディはスポーティで若々しくイケている車である」とアウディを買わない人も知っていることが、買う人にとっての購入理由になるという話があります。同様のことは、それほど高価格帯のカテゴリーでなくても起こります。

自分だけが感じるベネフィットで完結するカテゴリーもあります（例えばエアコンや洗濯機など）。しかし、そのブランドを持っていることの意味が他者との人間関係に滲み出すような場合には、購入可能性がほとんどないような人にも、そのブランドの価値を知ってもらうことに意味があるのではないかと思っています。

SECT. 02

カスタマージャーニー

① 教科書における「カスタマージャーニー」の扱われ方

続いて、カスタマージャーニーについて考えていきます。直訳すると「顧客の旅」ですが、商品を購入する人がその商品とどのような顧客接点で関わり、どのような過程を経て購入に至るのかを図示したものです。購入への道筋という意味ではファネルと似ているところがありますし、後にお話しする、マーケターの音部大輔さんが提唱された「パーセプションフロー®・モデル」とも似ていると思います。

カスタマージャーニーの特徴は、**顧客接点で捉えていく**ということです。『コトラーのマーケティング4・0』（フィリップ・コトラー著）の中で顧客接点は、「顧客がブランドに関して行う、ブランドとの、また他の顧客との、オンラインおよびオフラインでの直接的、間接的インタラクション」と定義されています。テレビCMなどの広告も含まれますし、知人・友人との口コミ、ネットの情報、店頭体験、パッケージなどの商品自体も含まれます。それらの顧客接点からそれぞれ何らかの情報を得たことで心理変容をした結果としてヒトはモノを購入するのだ、というのがカスタマージャーニーの基本的な考え方です。

マーケティングの巨匠としてアーカーやコトラーと並び称されるドン・シュルツが1990年代に提唱したのが、「IMC（Integrated Marketing Communication＝統合型マーケティングコミュニケーション）」です。IMCは、マス広告だけに偏らずにそれ以外のコミュニケーションも含めて全体として統合的に考えることの重要性を謳ったものです。

私は1996年に広告会社に入社したのですが、当時の新入社員の入社前の推奨図書としてその2年前に発刊された『広告革命 米国に吹き荒れるIMC旋風』（ドン・シュルツ著）が指定されていた記憶があります。顧客接点を重視するカスタマージャーニーの考え方は、基本的にこのIMCの考え方の延長線上にあるものです。

ちなみにまったくの余談ですが、顧客接点には「コンタクト・ポイント」と「タッチポイント」という2種類の訳語があります。電通はコンタクト・ポイントを、博報堂はタッチポイントを使うことになっており、原著ではcontact pointもtouchpointも両方見られるようですが、ドン・シュルツの本をはじめtouchpointとされることの方が多く、日本でもタッチポイントと呼ばれることが多いのが私の体感です。意味としては同じと考えて差し支えないかと思います。

2 現場における「カスタマージャーニー」の誤解

カスタマージャーニーとして紹介されている図でよくあるのは、ファネルで使うような認知や理解などをフェーズとして設定し、そこに顧客接点（以下、接点）を置いていくといった「地図のファネル」と同型のものですが、誤解の一つめは、カスタマージャーニーが一つの方向に一直線に進むと思われているということです。実際は飛ばしたり、戻ったりということがよくあり、コトラーはこれを「らせん状」という言葉で表現しています。自分自身の購入体験ではどうかを考えると、一直線ではないことが腑に落ちると思います。

誤解の二つめは、カスタマージャーニーとパーセプションフロー・モデルを同じようなものと捉えていることです。カスタマージャーニーは接点を結んで、そこでの気持ちの変化もあわせて追っていきます。パーセプションフロー・モデルは気持ちの変化を描きながら、どの接点でという部分も追っていきます。この二つはよく似ているのですが、どのように違うのかを考えるのは非常に重要です。似ているものとの違いを見つけることによって、それぞれをより深く理解できるからです。

カスタマージャーニー…………カテゴリーごとに異なる
パーセプションフロー・モデル…ブランドごとに異なる

ここが最大の違いです。「自動車」「便秘薬」「スマホ」など、カテゴリーで1つといううのがカスタマージャーニーです。それに対してパーセプションフローはブランドごとに描く必要があります。同じカテゴリーでも、例えばスマホならiPhoneに対する人々の気持ちと、AQUOSやXperiaに対する人々の気持ちは違います。気持ちが違えば、パーセプションフローも別なものを描かざるを得なくなります。

誤解の三つめは、購入者によって接点は少しずつ異なるので、購入者ごとに異なるものを描かなければいけないという考え方です。カテゴリーごとにカスタマージャーニーが1つでよいのは、それぞれの接点に接触率（％）をつけているからです。

描いた接点を必ず踏むということにすると、カスタマージャーニーは何百通りも必要となり、実用に適しません。そうではなく接触率の概念を入れることによって、カスタマージャーニーはカテゴリーごとにシンプルな一枚絵となります。その中で、同じカテゴリーの競合ブランドとの接触率の差異などからそれぞれの接点の重要度を見極めていくということになります。

購入に至るまでに生活者が触れる接点の軌跡を描く
「カスタマージャーニー」

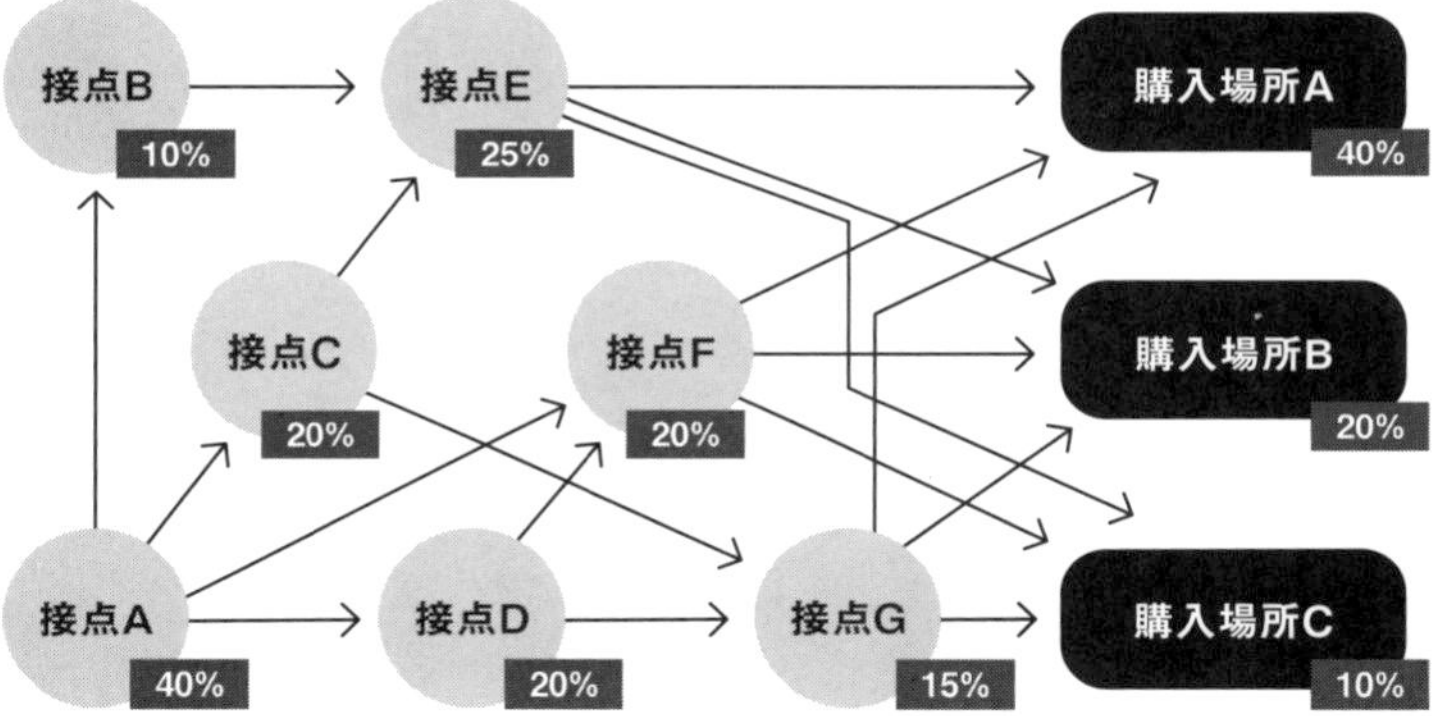

生活者の心理状態を現在の状態から理想の状態へ導く
「パーセプションフロー®・モデル」

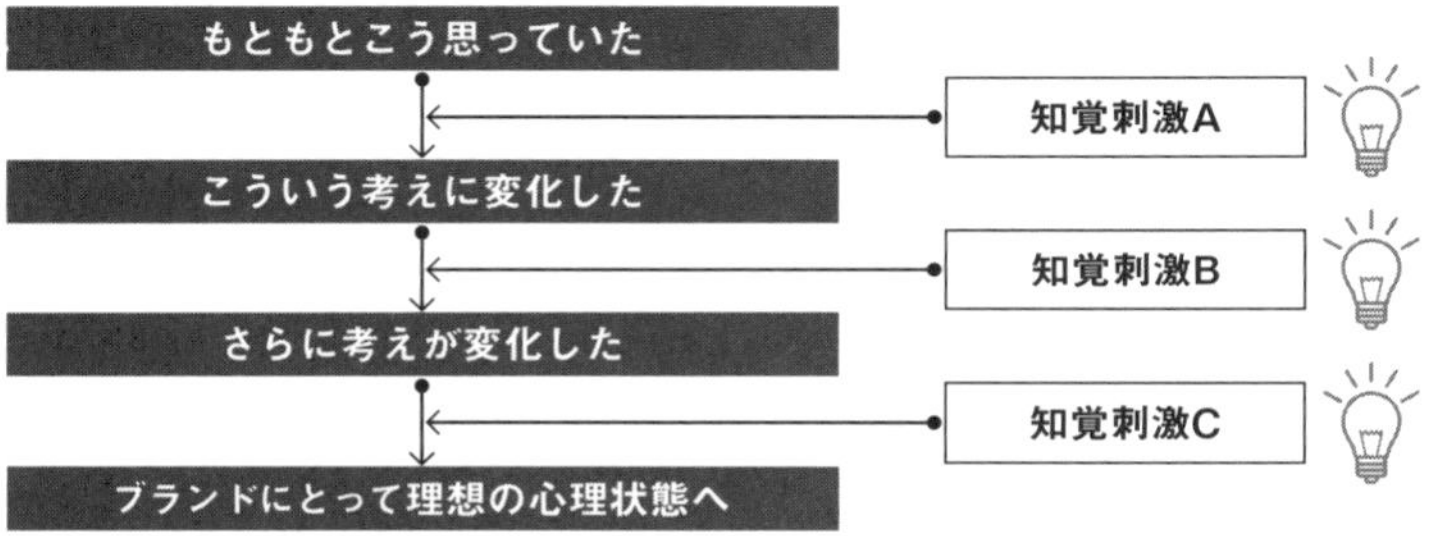

（出典：音部大輔著『The Art of Marketing マーケティングの技法』をもとに作成）

③ 現場における「カスタマージャーニー」ご使用上の注意

カスタマージャーニーがカテゴリーごとに同じというのは言い換えれば、カテゴリーが変われば別なジャーニーになるということです。なぜなら、そのカテゴリーにしかない特有の「商品と生活者の接点」があるからです。

カテゴリー特有の接点とは

どのカテゴリーにおいても出てくる接点として、テレビCMや知人・友人の口コミなどがあります。こうしたもの以外のカテゴリー特有の接点は、そのカテゴリーの購買行動に強い影響を与える場合が多いので、自ブランドが所属するカテゴリーにしか存在しない接点が何かを考えることは、非常に重要です。

「自動車」であれば、「街で走っている車」「駐車場に停めてある車」「実家で乗っていた車」「カーシェア・レンタカー」「モーターショーなどの展示場」「ディーラー」などが、特有の接点になります。特にディーラーでの試乗というのは契約に結びつきやすく、実際のKPIに設定されているケースもあります。

便秘薬であれば、お医者さんに酸化マグネシウムが成分に入った薬をすすめられ、それをドラッグストアで探して購入するという購買行動があります。医薬品は薬機法などの兼ね合いもあり企業側が実施できる施策に制限がかかることが多いのですが、ジャーニーをつくる際は企業側がセットできるものかどうかは考慮せず、購入への道筋となるのであればそれも接点として捉えていくということになります。

日本楽器製造（現ヤマハ）は戦後に成長を遂げましたが、GHQの教育改革方針を追い風に各学校に一通りオルガンとピアノが普及しきった昭和30年頃で、いったん需要が頭打ちになります。そこで日本楽器製造が手掛けたのが「ヤマハ音楽教室」です。ピアノ先進国であったドイツやアメリカにもなかったこのモデルは大成功し、それまで学校だけだった市場が一般家庭にまで大きく広がりました。近くの家から漏れ聞こえてくるピアノの音が人々の憧れを誘う接点となり、家にピアノを置いて子供に習わせたい、ピアノは音楽教室で使っているヤマハにしようと考える家庭が増えました。

テレビCMや口コミももちろん重要な接点ですが、こうしたカテゴリー特有の接点をいかに正確に捉えて大きくしていけるのか、とりわけ注意を払う必要があります。

カスタマージャーニーが向かないカテゴリーも存在する

最初の認知から購入に至るまでにどのくらいの接点を踏んでいくかの数を**「平均ステップ数」**といい、化粧品などは「使用している知人との会話」「口コミサイト」「試供品」「販売員との会話」など多くの情報に触れてから購入しますので、平均ステップ数は3・5~5・0と多めになります。それに対し、ペットボトル飲料は「自動販売機」で初めて見て購入といった行動がありますので、平均ステップ数は2・0以下です。

平均ステップ数が少ないカテゴリーは、ジャーニーに向きません。目安としてはマーケター自身が生活者として、購入の際に検索行動をしないカテゴリーは向かないと言っていいと思います。ＡＩＳＡＳなどの購買行動モデルで検索は盛んに強調されているので忘れられがちですが、これだけスマホやＳＮＳが普及した現在でも、検索せずに購入するカテゴリーはたくさんあります。

突然やってくる大きな波

２０２０年8月に起きた「冷凍餃子 #手間抜き論争」をご存知の方も多いと思います。ＰＲストラテジストの本田哲也さんの著書『ナラティブカンパニー』に経緯の詳細が詳しく書かれていますが、概略としては、ある女性が「体調が悪い中、冷凍餃子を使って家族に食事を作ったが夫に手抜きと言われた」という主旨のツイートをしたことが発端です。このツイートに同情の声が多く集まり、２日後に味の素冷凍食品の公式Ｘ（旧Twitter）アカウントが「冷凍餃子を使うことは手抜きではなく手間抜きです」と発信。その一連の投稿に44万「いいね」がつき、テレビや新聞が取り上げるという大きな反響に繋がった事例です。

この投稿からしばらくの間、味の素の冷凍餃子に対する好意的なツイートや「味の素さんいつもありがとう」という感謝のツイートが多く上がり、それらにも数百から数千の「いいね」がつくというバズり方をしました。その後、味の素冷凍食品は「手間抜き」を可視化する動画「おいしい冷凍餃子の作り方~大きな台所篇~」をYouTubeに公開し、90万回再生を記録しています。

冷凍餃子を販売しているメーカーは味の素冷凍食品だけではありません。着目すべきは、元のツイートが出た時点では冷凍餃子全般の話であったものが、同社がいち早く反応したあとには「味の素の冷凍餃子」の話に変わっていることです。

さらに、「手抜きvs手間抜き」は餃子だけでなく冷凍食品全体にかかわる対立構造でもあります。冷凍食品全体では味の素の他にもニッスイ、マルハニチロ、ニチレイなどが大きなシェアを持っていますが、この「冷凍餃子 #手間抜き論争」が冷凍食

味の素冷凍食品 公式X（旧 Twitter）からの発信

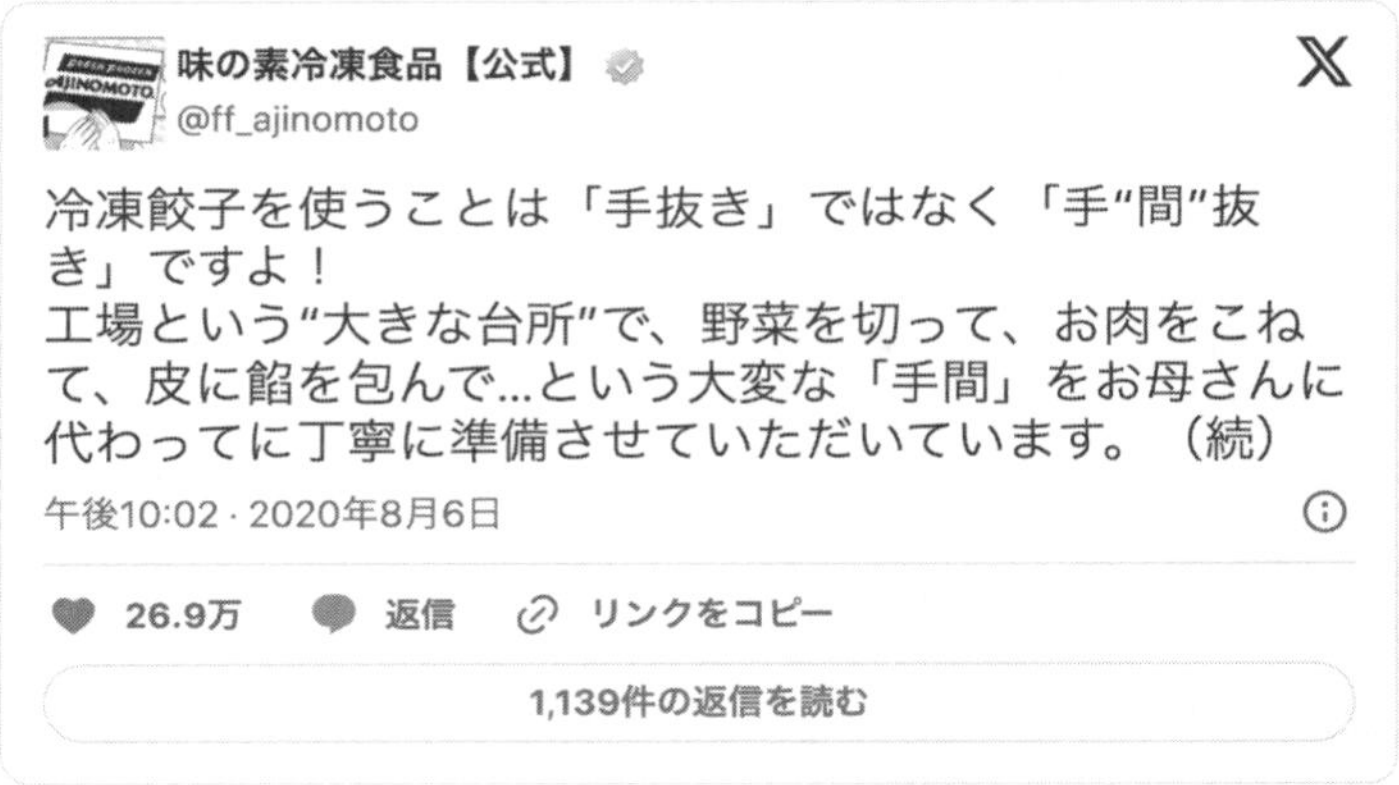

味の素冷凍食品【公式】
@ff_ajinomoto

冷凍餃子を使うことは「手抜き」ではなく「手“間”抜き」ですよ！

工場という“大きな台所”で、野菜を切って、お肉をこねて、皮に餡を包んで…という大変な「手間」をお母さんに代わってに丁寧に準備させていただいています。（続）

午後10:02 · 2020年8月6日

26.9万　返信　リンクをコピー

1,139件の返信を読む

動画「おいしい冷凍餃子の作り方〜大きな台所篇〜」

品そのもののパーセプションを変化させ、冷凍食品カテゴリーにおける同社の存在感にプラスの影響を及ぼしたことは間違いありません。

「設計段階でジャーニーをすべて描き切れる」と思ってはいけない

先ほど、ジャーニーには「カテゴリー特有の接点」を考慮することが重要で、そうした接点を考える際は企業側がセットできるものかどうかにかかわらず、購入への道筋となるものであれば接点として捉えていくべきという話をしました。また、企業からの一方的な情報通達だけではなく第三者の発信する情報と合わせながらブランドに対する気持ちや認識をつくっていく必要があることも、すでに広く認識されていることだと思います。

しかし、ことジャーニーを描くとなると、キャンペーン前や期初計画のタイミングですべてを描き切れると考えてしまうマーケターが非常に多いのが現状です。実際のところ、企業側がセットできない接点には恒常的に存在しているものだけではなく、こうした「突然やってくる大きな波」が含まれます。そうしたものに正しく対応できるかどうかが大きな違いを生むのが、今の時代です。

「突然やってくる大きな波」に対応するために必要なこと

そうした大きな波に対応していくために、必要なことがいくつかあります。まず予算に少し流動的な部分を残すことです。事前に描いたジャーニーに沿ってガチガチに予算を固めてしまうと、対応の幅が狭まってしまいます。ペイドメディアに大きく投下するわけではないのでそれほどの金額が必要なわけではありませんが、味の素冷凍食品の「おいしい冷凍餃子の作り方～大きな台所篇～」の動画制作や、過去には日清食品「10分どん兵衛」の謝罪企画のように、オウンドメディアに載せるためのコンテンツを制作できるような予算を、ある程度は残しておく必要があります。

次に、X（旧Twitter）を日々確認することです。広告主もそうですが、広告会社のクリエイティブやデジタルメディア担当などさまざまな専門領域の人が見ておくことで、対応の広がりが生まれてきます。X（旧Twitter）は速さが重要なので、週に1回の定例会議では間に合いません。波が来たとき間髪入れずに情報共有し、対応していく必要があります。

最後に、ワード開発です。味の素冷凍食品のケースでは、「手抜きではなく手間抜き」「工場は大きな台所」という2つの強いワードが非常に大きな役割を果たしました。テレビCMなどの広告制作ではそのブランドを表現するさまざまなワード開発がなされますが、実際の制作に使われるのはほんの一握りです。使われなかったワードの中にも優れた表現はたくさん存在するはずで、それらを公式アカウントの「中の人」と共有し、大きな波が来たときのために準備しておくことが重要と思います。

企業側から仕掛けて波を起こすことはできるのか？

マクドナルドの業績をV字回復させたことで知られるマーケターの足立光さんが「話題化の大前提は自分で言わないこと」と述べられているのですが、これは本当にその通りだと思います。ですが、それでも自分で言ってしまいたい、がまんできないという広告主は非常に多いです。

企業が「このビールはおいしい」と言っている広告と、ビール好きの友達が「今、あのビールにハマっている」と言っている話を両方見聞きしたとします。そのあとで自分が誰かとビールの話になった場合、話題にするのはやはり後者の方になると思います。後者の話には「そのビール好きな友達はどういう人か」「自分とその友達はどのような人間関係にあるか」といった情報量が多く含まれているため、楽しい会話にしやすいからです。

人は人に関心があり、さらに言えば人間関係に関心がある。これは原理原則的なことだと思います。企業の言うことよりもリアルな人の言うことに心が動きやすく、さらに知らない人よりも知っている人の言うことに心が動きやすいのは、発言内容そのものに加え、それを伝える人や人間関係への関心が上乗せされるからと考えることができるでしょう。

購入後のカスタマージャーニーを考えてみる

平均ステップ数が多いカテゴリーで、そのカテゴリー特有の接点も考慮して描いていく。それがジャーニーを考える際のポイントですが、もう一つ付け加えるなら私は、「買ったあとが描かれるジャーニーが少ない」ことを問題に感じています。

ファネルでは、購入までを描いたパーチェスファネルに購入後のインフルエンスファネルが追加され、購入者が周りの未購入者に対して良い影響を与えてくれるようになる取り組みが重要という文脈で使用されることが多いという話をしました。それに対してジャーニーでは、購入後のことを描いたものがきわめて少ないのが現状です。本来であれば購入のあとのことは、ファネルよりもむしろジャーニーで捉えていかなければならないテーマだと思います。なぜなら試しに1回だけ購入してみるときの気持ちと、継続・紹介・発信していくときの気持ちは違うことが多いからです。

例えば継続して購入するかどうかに関しては、他のブランドもいくつか試しに購入して使ってみた結果、それらの中で比較して一番良いと思ったものを継続購入するということがあります。他のものと比較したときに自ブランドはこういう特徴があると理解することが継続購入への道になりますので、商品パッケージや店頭ＰＯＰなどが特に重要な接点になってきます。

また紹介・発信していくことについてはその商品に対する満足度ももちろんですが、「人にすすめても変ではない」という自信を持てるかということが非常に重要です。映画を観て面白いなと感じ、それをＳＮＳに投稿しようと思ったものの、自分で投稿をあげる前に他の人がどう書いているかをチェックしてみるという人は多いです。公開後の映画のＣＭで来場者の声を取り上げているのは、映画を見た人が紹介・発信するのを勇気づけるという意図があります。そのブランドが好きなコアファンの声が見えるようにすることが重要です。

また、ノベルティグッズにも、その商品を自分が使っていることを周りの人に言いやすくする効用があります。誰かと一緒にいるときに、突然なんの脈絡もない話はしづらいものです。軽自動車のN‐BOXが「Nのある暮らし」と銘打って、ロゴ入りのマグカップなどの生活雑貨を出していますが、目に触れるものがあると、それをきっかけに話題にしやすくなったりします。

購入した人が周りの人に商品の話をするのは、周りの人の関心を高める効果だけにとどまりません。人は、ただ自分で考えただけのことはすぐに忘れてしまいますが、考えて誰かに話したことはかなり強い経験となり、印象に残るものです。つまり周りの人に商品の話をすることは話している人自身の納得を深め、より強いロイヤリティに繋がる可能性が高いのです。そうしたことが起きやすい環境をつくり、紹介・発信する体験を提供していくことは価値があると考えています。

こぼれ話 4

心が動くのは、マイナスの状況のとき

カスタマージャーニーを描いていくときに何か一つの接点を設定すると、その接点

が生活者に及ぼす心理変容はこういうものだと固定して考えてしまいがちです。しかし生活者の気持ちはいつも同じではありません。どんな時に気持ちがホットになるのかを考えることで、その接点が非常に強いロイヤリティに結びつくことがあります。

パチンコ店はその日の還元率を店側で調整できるのですが、昔の店は給料日前になると、わざと客の勝率が上がるように設定していたそうです。給料日前でお金がない、今日は何とかして勝って帰りたいと思った客が2万円勝つと、とても嬉しい気持ちになる。するとその店が好きになって、給料日後にまた来店して5万円負けてくれる、というような話です。

『ザッポス伝説2・0 ハピネス・ドリブン・カンパニー』(トニー・シェイ著)では、カスタマーセンターに電話をかけてきた何か困っている顧客にザッポスがどのように対応し、その対応を会社としてどう改善していこうとしていたかが描かれています。その中に、「あなたのことを心から気にかけて、あなたが当然受けるべきことを提供する権限のある人と話すことが、優れた経験」という文章があります。これは裏を返

こぼれ話 4

せば、困りごとを抱えた顧客が話す相手には権限が与えられていないケースがほとんどだということです。「直談判」という言葉があるように、状況を変えられる力がある人と直接話ができることは、そのこと自体が顧客にとって価値あるものになります。

どうも人間は、マイナスの状況を何とか切り抜けるときに心が動きやすいようです。ディズニーランドのスプラッシュマウンテンに落としてしまった形見の指輪が見つかる話など、困ったときに予想を超える対応があったとき、より人は強い印象を受ける傾向があります。つまり心が動くのは多くの場合、マイナスの状況であるわけです。

マーケティングは、人の気持ちを考えるものです。人の気持ちが動いて購入し、それが積み重なったものが売上です。理論やフレームを学び、それを活かして設計するときに、どこかでその視点が抜け落ちることがある。経験を積み、慣れてくるほどそうなっていくように思っており、私が塾を通じて若手プランナーと対話することを重視しているのも、そのあたりの偏りを補正したいという気持ちがあるからです。

CHAPTER 4

過剰なデータ重視

疑いの型の三つめは、「過剰なデータ重視」です。「重要な決定はデータを参照しながら進めていくべきだ」というのは総論としては良いと思いますが、データの中の何を見ているのか、データにどんな役割を与えているのかといった部分をあまり考えることなく、データがついていればロジカル、ついていないものはつけるように指示をするといったように、データの有無だけに関心が向かっている風潮があるようにも思います。ここでは「インサイト分析」「重回帰分析」を扱います。では、始めましょう。

SECT. 01

インサイト分析

❶ 教科書における「インサイト分析」の扱われ方

インサイトは「洞察」、本質を見抜くという意味になります。インサイトという言葉はすでにマーケターの間で広く定着していますが、広まったのは2005年にマーケターの桶谷功さんが『インサイト』という本を書かれたあたりからではないかと思います。

この本の中で、インサイトとは「消費者が思わず動く、心のホット・ボタン」であるとされています。消費者の本音をかなえることでつい行動を起こさせるという主旨で、例として挙げられているのは部屋を細かく区切って個室化した居酒屋が繁盛していること。これは大人数で宴会をするよりも、少人数の仲間とゆっくり話がしたい人のインサイトを捉えたものだという紹介です。

インサイトの定義はいろいろありますが、「消費者自身も気づいていない」とか「深層心理」といった、隠れているというところを主眼に置く考え方が多いと思います。マーケターで実業家の森岡毅さんは著書『USJを劇的に変えた、たった1つの考え方』の中で、「消費者が指摘されて平気で『そうだよ』なんて言うのはインサイトではない。『そんなことない！』と拒否したり、考えるのがイヤで考えないようにしているのがインサイト」である、という指摘をしています。居酒屋で少人数の仲間とゆっくり話がしたいというのは特に隠すような話ではないように思いますが、そういうものだけでなく、人が後ろめたく思うようなところまでマーケターは思考を巡らし、文字通り洞察を深めるべきだ、ということなのでしょう。

インサイトが深層心理であり、表面に表れてこないようなものまで含めて考えるべきだと扱われている一方で、インサイトを発見するためには定量調査や定性調査を行いデータの収集と分析を行うのが有効であるとか、あるいはビッグデータの解析からもわかることがある、というようなことが言われています。

2 現場における「インサイト分析」の誤解

隠れている深層心理を発見するために調査をするべきというのは、よく考えると矛盾しているように感じます。そもそも質問しても答えてくれないようなことが深層心理なのだとすると、これは通常の定量調査やデプスインタビューでは発見できません。カメラを自宅に置かせてもらってずっと回し続けるくらいのことをすればわかるかもしれませんが、日本でこうした調査を行うのはあまり現実的ではありません。

広告やマーケティング業界の傾向として、調査やそこから出てくるデータに対してきわめて強い信頼感を持ち、それに力を与えていることがあると思います。わからないことは調査をすればよい、調査をすれば（調査費をかければ）ある程度のことはわかるはずだという、調査をするかしないか、わかるようになるかならないか、という非常に単純な0か1かという思考になっており、ここが一番誤解されているところです。

「調査」や「データ」というワードに信頼を置き過ぎているのを正しく捉え直すには、「調査」は多くの場合「何か質問したことへの回答」であり、「データ」はそれらの回答を割り算した「ただの数字」と置き換えて考えるといいかと思います。そのように考えると、質問はそもそも正しかったのか、回答者はきちんと本心から回答したのか、統計的な誤差はどれほどなのかといった、当然考慮しなくてはならないことにしっかり意識が向くようになっていくと思います。

ビッグデータの解析で有名なのは、2012年のアメリカのスーパー「ターゲット」の事例です。「ターゲット」は理系の優秀な人材を多く採用し、顧客の購買ビッグデータ分析を進めました。その結果、無香料のコットンや大量のタオル、マグネシウム系のサプリメントなどの品目を購入した人は妊娠の可能性が高いことがわかり、その人の妊娠の時期に合わせて関連アイテムのクーポンを送付するという施策を取っていました。

そんな中で、ある顧客からクレームが入ります。その男性には高校生の娘がいたのですが、その娘あてに妊娠関連アイテムのクーポンが送られてきたのです。男性は「高校生の娘に妊娠をすすめているのか」とお店に対して激怒していたのですが、その後、その娘が本当に妊娠していたことがわかったというエピソードです。一緒に暮らしている家族よりもビッグデータの方がその人のことを理解している可能性があるという文脈で（あるいは情報取得と論理性というような文脈で）ときおり紹介される事例ですが、近年はＡＩの進化で、こういったことが起きる可能性は高くなっていると思います。

ただ、ビッグデータで取れることは、基本的には行動ベースのことです。次の行動の予測を高精度でできる可能性はあるとしても、人の心理であるインサイトを発見できるのかというと、だいぶ難しい面があるように思います。

3 現場における「インサイト分析」ご使用上の注意

第１章では、データを扱う際には「データの中の何を見ているのか」と、「データにどんな役割を与えているのか」に気をつけなくてはならないとお伝えしました。

「データの中の何を見ているのか」とは、データの中で特に重視される多数意見は競合社も当然認識しているので、それに基づいて意思決定を行うことがマーケティング戦略上でプラスに働く可能性は考えにくいのではないかということでした。また、「データにどんな役割を与えているのか」というのは、実際のデータの使われ方の多くが何らかの主張の補強や裏付けとしての役割であり、それはデータ活用の形骸化と言えるのではないかという指摘でした。

これらはすでに取れたデータの使い方に関する議論ですが、その前にそもそも取りたいデータがそうすんなりと取れるわけではないことにも注意が必要です。「忙しさの調査には本当に忙しい人は参加しない」と言われたりしますが、定量調査の場合にはサンプルに代表性があるかどうかという問題があります。調査会社の中には非常に安価で定量調査ができることを謳う業者もありますが、調査パネルの人数は多くてもその内訳を見ると在宅時間が長い人に偏っているなど、いろいろと気をつけるべき点があります。本書では主に定性調査を行う上で、対象者からインサイトが出てこない理由についてお話しします。

定性調査でインサイトが出てこない理由

コロナ禍になってからの定性調査はテレビ会議の1on1が多くなりましたが、それまでは数人を同じ部屋に集めて調査するグループインタビューが行われていました。こういった形では、周りの人と自分だけ違う意見は言いにくいという部分がどうしても残ります。東京と大阪では特に東京で実施する調査において、この傾向が強いように思います。

また、定性調査の対象者の中には無意識のうちに「こういうコメントが欲しいのだろう」と先回りして考えてしまう人がいます。そうなると予定調和的な内容のコメントが多くなり、新たな発見が少ない結果となります。

対象者自身がニーズに気づいていないため、言語化できないというケースもあります。人間の行動は無意識のうちにしてしまうことが多いです。ランダムではなく選んで行動しているからにはその理由があるはずですが、なぜなのかをうまく説明できない状態です。「人は何かが好きか嫌いかを、その理由を知るより先に判断する」という研究もあります。好きなものは好き。その理由はAだと思っていたけれど、実は勘違いでBが理由だったことにあとから気がつく、という経験をされた方もいるのではないでしょうか。

アスキング（質問形式）データとログデータの違い

スマホアプリの分析サービス「App Ape（アップエイプ）」を運営するフラーが公開した「アプリ市場白書2022」によると、日本人のスマホアプリ利用時間は1日あたり平均4・8時間だそうです。これは実際のアクセスのログデータを元にした分析なのですが、アスキング（質問形式）の調査では、その半分以下という結果が出る調査も少なくありません。

スマホでちょっとSNSを見たりしていて、5分くらいのつもりだったのに気がついたら20分経ってしまっていたということがあると思います。だらだらしている時間は自分では短いつもりなのです。これは嘘というより、認識のずれというべきものだと思います。

調査に答えるのは「おりこう」の人格

動画配信サービスが「どんなコンテンツを見たいか」という調査をすると「外国映画」や「ドキュメンタリー」という回答が多く出てくるが、実際には「アニメ」がよく見られると言われます。また、カップ麺の減塩ラーメンは、事前の需要調査で支持されたほどには売れないという話もあります。

一人の人間の中には大きく分けて、「おりこう」の人格と「ゆるい」人格があります。車を購入するのは理性的に判断する「おりこう」の人格。それに対し、いつもダイエットに気をつけている人が「今日はカップ麺を食べたい気分」と思ってカップ麺を買うときは、「ゆるい」人格が購入しています。良い悪いではなく、人間には二つの人格があり、それぞれがモノを買うということです。

しかし、どちらの人格が買うモノの話なのかに関係なく、調査に答えるのは「おりこう」の人格です（回答したデータが誰かに見られない調査でも同じです）。自ブランドのカテゴリーが「ゆるい」人格が購入するものである場合には、ここに注意が必要です。

調査はインサイトを考える際によく行われますが、実際にはこのようにさまざまな難しさがあります。過剰なデータ重視に陥るのではなく、調査はあくまでもインサイトを考えるための有力な手段の一つに過ぎないと考えるべきではないかと思います。

自ブランドが活用できるインサイトを見つける

インサイトを考える目的は「競合の中での自ブランドのあり方とその先のターゲッ

ト設定をクリアに考えていくため」ですので、あまり浅いところで立ち止まっては、それを活用するところまで進めません。

おいしいものが食べたい。
たまにはおいしいものが食べたい。
たまにはおいしいものが食べたいけれど、一人で居酒屋は恥ずかしい。

「おいしいものが食べたい」はインサイトではない、とまでは言いませんが、おいしいものは世の中にたくさんありますので、これだけでは自ブランドへの活用が難しいです。

インサイトを考えるための切り口①「気持ちの変化」

以前、私は毎朝6時くらいに起き、ビニール袋を持って近所を散歩しながらゴミ拾いをする習慣がありました。ゴミを拾うのは思いのほか楽しかったのですが、なぜ楽しいかというと「毎日違うゴミが落ちているから」だったのだと思います（近所は大阪梅田の繁華街で、予想もつかないようなゴミが落ちていることが多かったです。例えば靴下など）。

ペットを飼っている人にペットの話を聞くと、よく出てくるのは「見ていて飽きない」という言葉です。**「気持ちの変化を感じたい」**というのは人間の根源的欲求であり、購買行動においても時間軸での気持ちの変化という視点を考慮すると理解が進むことがあります。

魚釣りは、釣れるまでの長い時間と釣れた一瞬の気持ちの変化が楽しい。ジェットコースターも乗る前と乗っている間、降りたあとの気持ちの変化が楽しい。いつもと同じではないちょっとした気持ちの変化を自ブランドがどう提供できるのか、というのがポイントです。

インサイトを考えるための切り口②「規範」

「一人で居酒屋は恥ずかしい」といったように、人は他者からどう見られるかということを強く意識して生きています。購買行動にもこれは大きく影響しますので、どう見られたいか、どう見られたくないかという切り口で考えてみるのが有効になることは多いです。

インサイトは「こうしたい」という欲求の切り口だけで考えてしまいがちなのですが、実際の生活で、欲求と規範が合致しないことはよく起こります。例えば疲れて電車に乗って席が一つだけ空いていたときに、自分は座りたくても近くに年配の方がいれば席を譲ることが多いでしょう。**欲求と規範がぶつかると、多くの場合は規範が勝つ。**購買行動の心理を考える際にも規範は重要です。

ネスレがインスタントコーヒーを発売したときの話をします。レギュラーコーヒーと比べ味と香りに遜色がなく、手頃な価格でかつ短時間でコーヒーが作れるという商品特徴があり、自信を持って発売しましたが、当初は思うように売上が伸びませんでした。

そこでネスレは、レシートを見せて「この買い物をした人はどんな人だと思うか」を聞く消費者調査をかけます。Aは、食品などのリストの中にレギュラーコーヒーが入っているレシート。Bは、他はまったく同じでレギュラーコーヒーだけがインスタントコーヒーに代わっているレシートです。すると、Aに対する感想は「賢い、心が温かい」というものだったにもかかわらず、Bに対する感想は「怠け者、だらしない」という否定的なものになりました。他の内容は同じなのに、インスタントコーヒーが入っているとガラッと印象が変わる。インスタントコーヒーにネガティブなイメージが付着してしまっていることがわかりました。

購入者に想定されていた主婦・主夫にとって、「怠け者、だらしない」と見られてしまわないかが心配になることは、購入への大きな障壁です。それまでネスレは広告で「簡単、安上がり」という訴求内容を謳っていたのですが、それがこのネガティブなイメージを助長してしまうことに気づき、広告メッセージを「コーヒーをインスタントに代えればもっと家族のために時間を使える」というものに変更して、売上が大幅に向上する結果となりました。

呑気と見える人々も、心の底を叩いてみると、どこか悲しい音がする。

「手抜きをしていると思われたくない」というのは、冷凍食品やシリアルなど時短につながる多くの食品系カテゴリーにおいて考慮すべきインサイトになります。

また、冷凍食品の中でラーメンやうどんなどの麺類も人気なのは、「手軽に麺類を食べたいけれど、カップ麺ではなくお鍋で料理する感じのものがいい」というように、自分自身に対しての矜持で商品を選ぶ人もいるからです。自分はこういう人だと自分で思いたい。他者の目がないところでも、規範は存在する場合があります。

夏目漱石の『吾輩は猫である』に「呑気と見える人々も、心の底を叩いてみると、どこか悲しい音がする。」というフレーズが出てきます。生活者の心の底を叩いてみる。これがプランニングの最も面白いところなのかもしれません。

調査以外でインサイトを考える方法

生活者のインサイトを考えるには、世の中全体の数字の変化からその理由を考えるという方法もあります。例えば「エンゲル係数」は消費支出に占める飲食費の割合で、数値が高いほど生活水準は低くなる傾向にあると言われますが、しばらく20％台前半で落ちついていたものの、ここ10年ほどで上昇に転じる傾向があります。

エンゲル係数が上昇に転じた理由にはいろいろな指摘がありますが、食べるものにある程度のお金をかけることを厭わないような流れはできているように思います。健康に良いとされる有機野菜や機能性表示食品など、価格が少し高くても付加価値のあるものを求める気持ちは全体として、強くなってきているでしょう。

大分県の特産品である「関《せき》サバ」は、佐賀関《さがのせき》という漁港で獲れるサバのブランドです。魚は海で泳ぎ回っているので別な漁港のサバとの違いがわかりにくいのですが、「関サバ」は漁獲後の処置が違います。

網で取らずに一本釣りし、そのまま船内の生け簀で生きたまま漁港に運ばれます。漁港では通常、はかりで重さを量りますが、はかりの上で魚が暴れて身に傷がつかないよう水面から目分量で大きさを見極める面買《つらが》いという方法で取引されます。さらに釣られたばかりで興奮状態にある魚を専用の生け簀で1日寝かせ、落ちつかせてからしめるという徹底ぶりで、ストレスで味が落ちないよう手間をかけられた関サバは通常のサバの何倍もの価格となりますが、高級魚としてたいへん人気があります。

こういったものは、存在を知り、それを体験した人の話を聞いて初めて「自分も食べてみたい」と欲求が顕在化してくるもので、モノができてからニーズが生まれるという順序立てになっています。調査の分析を待ってから行動するパターンでは、こうしたまだ顕在化していないニーズに張ることができません。まず世の中の大きな流れを読み、その理由を洞察することから新たな価値を創造していくといった、先手のインサイト発見が求められているように思います。

こぼれ話 5

なぜ、読売と日経の内閣支持率は高いのか？

新聞各社が毎月調査し発表している内閣支持率というデータがあります。その数字は新聞社ごとに少し違っていて、概ね読売と日経が高く、朝日と毎日が低く出る傾向があります。これはよく読売と日経の読者が政府寄りで朝日と毎日の読者が政府に批判的だからだと解釈されていますが、そういうことではありません。なぜなら、新聞社の調査は自社の新聞購読者を対象にかけているわけではないからです。

内閣支持率の調査対象者は、新聞各社ともランダムです。それなのになぜ読売と日経が傾向として高く出るかというと、両社は支持か不支持かで迷っている人に「どちらかと言えばどうですか？」と重ね聞きをしているからです。支持と不支持以外にDK（わからない＝don't know）とNA（無回答＝no answer）がありますが、重ね聞きをする形式の場合、このDKとNAが減ることになります。

重ね聞きをするかしないか、どちらがいいということはありません。ただ単に形式が違うだけです。しかし、内閣支持率が55％であるのと45％であるのとでは、受ける印象は大きく異なってしまうと思います。

実態は同じなのに、質問の形式が違うだけで数字が大きく異なって出てくることがある。こうしたことをふまえておくだけでも、データを絶対的なものとして考えすぎてしまうリスクを減らすことに繋がるのではないかと考えています。

新聞各社による内閣支持率の違い（2023年）

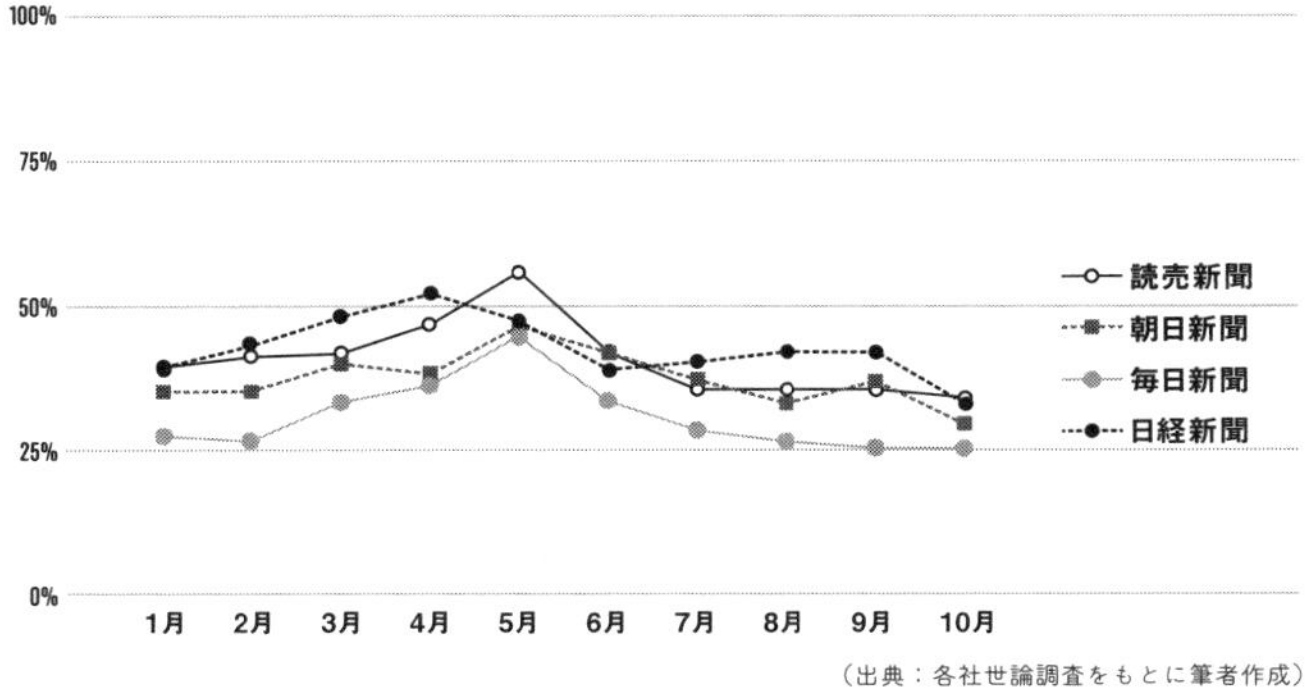

（出典：各社世論調査をもとに筆者作成）

SECT. 02

重回帰分析

① 教科書における「重回帰分析」の扱われ方

続いて、重回帰分析について考えていきます。重回帰分析は、2つ以上の変数を持つデータの中の関連性を分析する多変量解析の一つです。広告においては「売上」などの成果（目的変数と言います）に対し、それに影響を与えると考えられる「広告A」「広告B」「広告C」などの要素（説明変数と言います）がそれぞれどのくらい貢献したのかを推計するという分析になります。

テレビやデジタルなどさまざまな広告手法がある中で、何がどれだけ売上に貢献したのかを分析したいという話はどの広告主においても聞かれます。そうした需要が高まっている中で、まさにそれを推計する重回帰分析は願ったり叶ったりというわけで、ご相談をいただくこともたいへん多くなっています。

「何がどれだけ売上に貢献したのか」を分析する考え方は、特にインターネット広告の分野で早くから研究が進んでいます。2012年に出た『アトリビューション広告効果の考え方を根底から覆す新手法』(田中弦、佐藤康夫、杉原剛ほか共著)という本は、Webページの中をユーザーが回遊する中で最後のコンバージョンに至るラストクリック以外のバナーなども何らかの効果はあるはずだから、それらの間接的な貢献度を評価しようという内容で、当時広告業界ではかなり話題になっていた記憶があります。

ネットの中だけに閉じず、オンもオフも含めて貢献度を測りたいという需要について考えてみましょう。例えば夜にテレビCMを見て、翌日にスマホでWeb記事を見てから店頭で化粧水を購入した場合、テレビCMとWeb記事のどちらが売上に貢献したかを測るにはどうするか。広告を見たテレビやスマホの機器が紐づいているか。スマホで記事を見た人と購入した人が紐づいているか。さらに機器で見るわけではない駅の屋外広告(OOH)の貢献はどう考えるか。POSで取れない商品カテゴリーはどうするか。

モノを買う側から考えるとそういった難しさが出てくるのですが、広告主がその週、どの広告種別に何円の費用をかけたかという側から考えるのが重回帰分析で、この手法には前述の難しさをすべて突破してしまう爽快さがあります。ただ、実際にはどのくらいのデータ量や時間が必要になるのか、広告における特有の難しさとは何か、長期で分析するときの留意点などについて、関係者の中でほとんど認識されないままに期待値だけが高い状態でスタートすることも珍しくありません。

2 現場における「重回帰分析」の誤解

誤解の一つめは、重回帰分析で信頼に足る分析結果を得るためにはかなりのデータ量が必要になるのがあまり認識されていないということです。

例えば、2×a＋3＝7というように未知数が1つの方程式は、1本の式があれば解が求められます。未知数が2つになると2本の式が必要になります。これらは未知数がａ＝2のように特定できる場合なのですが、重回帰分析で取り扱う対象は実際にはどこまでいってもズレがあり、そのズレを許容できる範囲まで小さくしていくためにはたくさんのデータが必要になります。目安として、必要になるデータの本数は説明変数の個数の10倍と言われています。

つまり「テレビCM」と「ＯＯＨ」という説明変数2個の売上に与える影響を見たい場合は、20個分のデータが必要になるというわけです（通常は週単位で集計しますので、20週分となります）。実際に分析を行う場合は「Ｗｅｂ広告」や「ダイレクトメール」など説明変数がもっと多くなりますので、説明変数5個であれば50週で約1年分、説明変数10個であれば１００週で約2年分のデータが揃って、ようやく信頼度が出てきます。

誤解の二つめは、似たデータのかたまりになりやすいという、広告における特有の難しさについてです。例えば「野球場のビールの売上」を目的変数に、「気温」「湿度」「ホームチームの勝敗」を説明変数にとった場合、それらはランダムにさまざまな値が出るので分析は比較的しやすいのですが、広告はもちろんランダムに打っているわけではありません。

広告は、売れると予想される時期には厚くし、売れないと予想される時期には控えます。夏場にチョコレートの広告はほとんど出ません。外に持ち歩くと溶けてしまうので売れないからです。「広告がなく売上も低い週」と「広告がたくさん出て売上も高い週」の2つに偏るとどうなるかというと、「広告を打つ量と売上の高さの相関が強い」という分析結果が出やすくなります。広告会社にとっては都合がいい結果ですが、「そもそも売れる」という時期そのものへの評価が難しいという課題が残ります。

また、説明変数である「テレビCM」「OOH」「Web広告」など、複数の広告施策を同じ時期に集中的に投下する傾向もあります。「気温」も「湿度」も高く「ホームチーム」も勝っているというデータばかりが集まっても、そのうちのどれが「ビールの売上」に貢献したのかはわかりません。「気温」は高いけれど「湿度」が低い日はどうだったか、逆はどうかなど、データがばらついてこそ個々の貢献度が評価しやすくなるのであって、かたまりのデータばかりでは要素ごとの重みづけが難しくなります。

クライアントにそうした説明をすると「数字がうまく出ないことの言い訳をしている」というような目で見られるのですが、実際にそうなので仕方ありません。売れる時期に、複数の施策をまとめて打つ傾向のある広告はデータが偏りやすいため、そもそも重回帰分析がしづらいというのはあまり認識されていませんが、原則的なことであるように思います。

誤解の三つめは、長い期間で分析を行う際にまた別な難しさが出てくるということです。基本的にデータの本数は多い方が安定しますので、50週よりは１００週、１５０週あった方が信頼度としては増していきますが、長期の分析ではその間に、前提となるビジネス環境が大きく変化する可能性があることを考慮しなくてはなりません。

例えば家庭用のレギュラーコーヒーは、数年の間に市場が大きく伸びました。セブンカフェのヒットで淹れたてのコーヒーのおいしさが再発見されたことや、コロナ禍で在宅時間が増えたこと、家庭用コーヒーメーカーのラインナップが充実して普及率が上がったことなどが理由として指摘されています。広告の効果もあるかもしれませんが、こうした外部要因による影響は見逃せません。

数年経てば、メディアの持つ力も変わります。テレビのリアルタイム視聴者数は減少し、TikTokのMAU（月間アクティブユーザー数）は上昇します。それぞれの説明変数への投下金額が同じでも、数年前と現在では到達人数が違ってきます。

データの本数は必要ですが、広告の場合は似たデータのかたまりになりやすく、長期で見るときには外部要因や施策の効果の面で補正をかける検討もしなければならない。広告における重回帰分析はそのようなところに難しさを抱えており、数学的な知見だけではなく俯瞰的な視野を必要とする、非常に難易度の高い分析手法となっています。

3 現場における「重回帰分析」ご使用上の注意

広告投下に頼らなくても売上が見込めるケース

広告は「売れると予想される時期には厚くし、売れないと予想される時期には控える」という話をしましたが、広告投下に頼らなくても売上が見込めるケースもあります。わかりやすいのは、映画です。

次ページの図は、2022年の興行収入ランキング上位の映画がどのくらいテレビCM出稿していたかを散布図にしたものです。例えば『名探偵コナン』や『すずめの戸締まり』は、他の映画作品よりも上に外れたところに位置しています。これは、同じくらいのテレビCM出稿量の他作品と比べ、明らかに興行収入が高かったということです。

逆の見方をすれば、それほど広告投下をしなくてもしっかり集客できるだろうという見通しが元々立っていたとも言えます。映画の場合は製作委員会があらかじめ興収目標を設定し、プロモーションでどのくらい費用を使うかもその興収目標に合わせて決めていきますが、アニメ映画などのように公開が毎年恒例となっている作品で事前にある程度の集客が見込める場合には、人気作品でも広告にそれほど予算を投下しない場合は多いです。

また、車のカテゴリーでは毎年3月はディーラーの決算期で値引きが大きいことが知られており、3月は広告に頼らずに集客できる

2022年の映画の興行収入とテレビCM出稿量

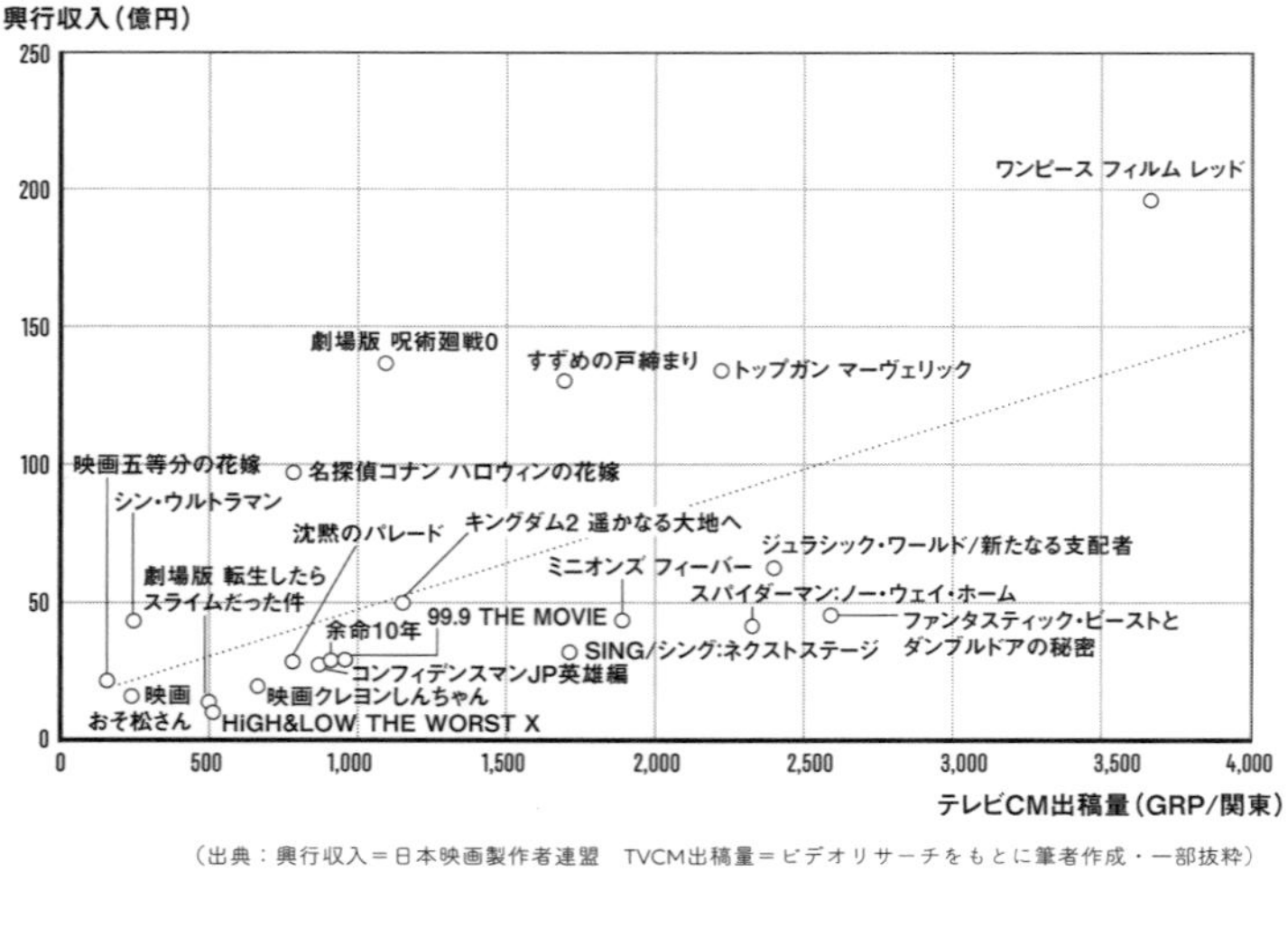

（出典：興行収入＝日本映画製作者連盟　TVCM出稿量＝ビデオリサーチをもとに筆者作成・一部抜粋）

ため、広告はそれより少し早めの1～2月に多く投下されます。基本的に広告は売れる時期に集めるのがセオリーですが、車のディーラーには接客対応するスタッフの人数や試乗車の台数などのキャパシティがありますので、お客様が来れば来るほど青天井に売上が伸びるわけではありません。

こうした、広告投下に頼らなくても売上が見込めるケースがあることを意識することは、重回帰分析を実施する上できわめて重要です。重回帰分析は、目的変数（多くの場合は売上）に対して説明変数（広告A、広告Bなど）がどのように貢献しているのかを何本ものデータを使って計算していくという手法です。ここで、広告投下に頼らなくても、つまり広告以外の要因の力によって（毎年観ている『名探偵コナン』の映画だからとか、3月にディーラーの値引きがあるからといった理由で）売上が高く、広告が少ないというデータを入れて計算してしまうと、それぞれの説明変数の貢献度がその1本のデータを入れることで大きく揺らぎ、分析が不安定になることが多いのです。重回帰分析を行う上ではそうしたデータを特殊要因としてあらかじめ除外するなどの対策をすることが望ましく、その意味でも分析者には、当該カテゴリーに対する深い理解が求められます。

説明変数同士が連動してしまうケース

マーケティングで重回帰分析を用いる場合、分析対象となることが多いのはデジタルまわりです。動画・ディスプレイ・SNS・記事タイアップ・検索連動型・成果報酬型など多岐にわたる広告種別のうち、何が有効なのか。こうしたデジタルまわりで特に気にしなければならないのが、「**マルチコ**」の問題です。

マルチコはmulticollinearity（多重共線性）の略で、説明変数の間で相関の高い組合せが存在することにより分析結果の精度が悪化する状況を指します。例えば検索連動型の場合は広告がクリックされたタイミングで料金が発生する仕組みですが、クリックが増えているというのは興味を持つ人が増えている状況が背景にあると考えられますので、動画など他の施策の影響を受けている可能性を検討する必要があります。

マルチコは、説明変数と説明変数の間に因果関係がなかったとしても相関関係さえ強ければ起こってしまうものです。広告はそもそも複数の施策を同じ時期に集中的に投下する傾向があるため、広告の重回帰分析ではマルチコをかなり注意深く見ていく必要があり、それが発生しているケースでは該当する説明変数を取捨選択するなどの対応を行うことになります。

重回帰分析でわかるのは因果関係ではなく相関関係

さまざまな広告手法の中で何がどれだけ売上に貢献したのかを分析したい、ということに応える手法の一つが重回帰分析であるわけですが、厳密に言いますと、「AがBに貢献した」というのは「Aがあったおかげで、その結果としてBになった」という因果関係を想定しているのに対して、重回帰分析でわかることはあくまでも「AとBは同時に起こりやすい」という相関関係にとどまります。

売上と広告という関係であれば「売上が上がったことが原因で、その結果として広告を多く打った」ということは考えづらく、「広告を打ったことの結果として売上が上がった」と考えるのが自然ではあるのですが、相関関係と因果関係を混同して相関＝因果と早合点してしまわないというのは重回帰分析に限らず数字の見方全般において、マーケターが気をつけておくべきポイントです。

Ａ・Ｂに相関があるときの因果関係は、主に次の４パターンがあります。

① ＡがＢの原因（Ａ→Ｂ）
② ＢがＡの原因（Ｂ→Ａ）
③ ＣがＡとＢ両方の原因（Ｃ→ＡＢ）
④ ＡとＢには因果関係がない（Ａ×Ｂ）

この中で、特に重要なのが③のＣ→ＡＢです。この関係を**「交絡《こうらく》」**と言い、原因Ｃを

A・Bに相関があるときの因果関係は、4パターン

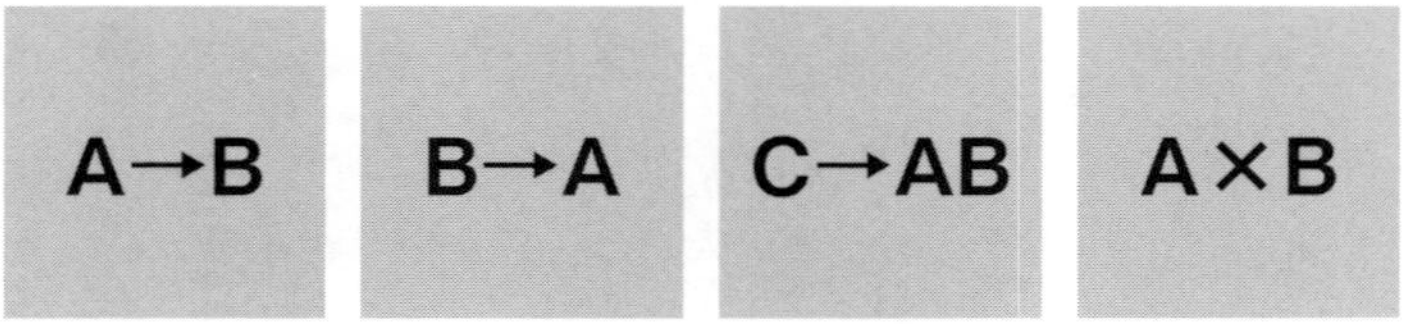

Aが原因で Bが結果
Bが原因で Aが結果
Cが原因で A・Bが結果
因果関係なし

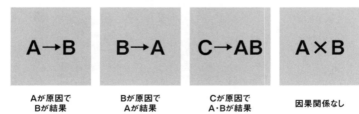

「交絡因子《こうらくいんし》」と呼びます。

例えば「昨日より2〜3度気温が低い」と「傘が売れる」という2つの事象に相関があったとします。このときに、両方の原因となる交絡因子の「雨が降っている」という事象に気がつくことができないと、「今日は昨日より肌寒いから店先に傘を並べよう」といって雨も降っていないのに傘をたくさん並べてしまうかもしれません。もちろん雨が降っていなければ、寒くても寒くなくても、傘はそんなに売れません。

また、楽天市場とAmazonのユーザーの意識を比較したところ楽天市場のユーザーの方が「食や健康」に関する意識が強かったとします。この場合も楽天市場のユーザーであることと「食や健康」に関する意識が強いことに何かしら共通の原因がないか、立ち止まって考えてみる必要があります。もしかすると、ポイントを集めたい主婦・主夫が楽天市場をよく使っており、主婦・主夫は家事分担として食事を作ることが多いため「食や健康」への意識が強い、という可能性もあるかもしれません。疑わしい交絡因子がありそうな場合は、主婦・主夫とそれ以外で改めてクロス集計を行うなどの確認が必要です。

交絡因子を考えるときは、年齢や家庭内役割などデモグラですぐに切れるようなシンプルな条件を当てはめて考えるのがいいと思います。会社勤めの人の中で「血圧が高い」と「年収が高い」という二つに相関があったとき、①のようにA（＝血圧が高いこと）がB（＝年収が高いこと）の原因だと考えてしまうと、暴飲暴食をして血圧が高くなればいいのかと思ってしまいますが、それで年収が高くなることはおそらくないと思います。この場合、「年齢」が交絡因子になっていないかと考えれば、年齢が高い人が血圧も高く、年収も高いという傾向は確かにありそうです。このように、交絡は当てはめて考えてみれば自然に腑に落ちることが多いので、①A→B以外の因果関係のパターンもあることを意識した上で考えを巡らせてみるといいと思います。

こぼれ話 6

AとBに相関はあるけれども因果関係がないというパターン

④のA×Bで有名なのは、ハリウッド俳優のニコラス・ケイジの映画出演本数とプールの溺死者の数です。似た動きをしているからといって因果関係はない、という文脈では鉄板の組合せとして、よく紹介されています。

ただし、より正確に言いますとこの二つはそれほど強い相関関係ではありません。縦軸の最小値と最大値を操作することによって、強く相関しているように見せているところがあるからです。それぞれの縦軸の最小値を0とすると、次ページの下のようなグラフになります。

二つのグラフはデータが同じで、相関係数も0・67とそれほど高くはありませんが、上のグラフのように見せられると強く相関しているように見え、さらにはそこから

こぼれ話 6

ニコラス・ケイジの映画出演本数とプールの溺死者の数

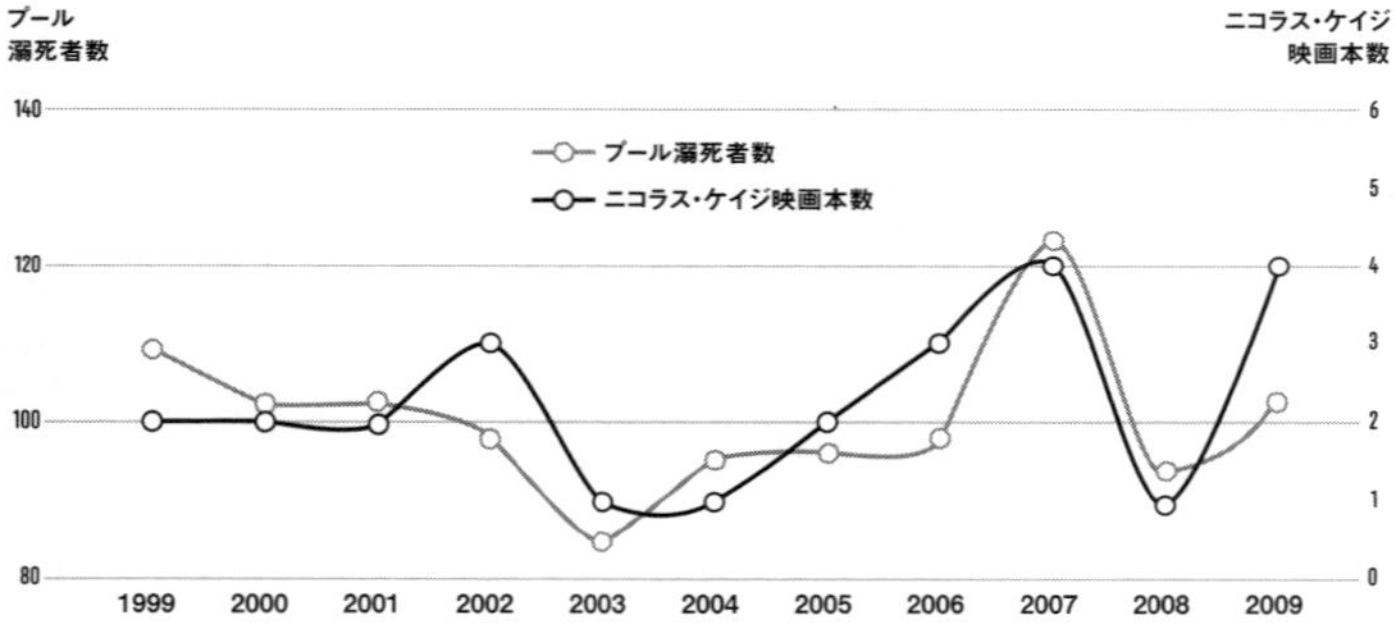

（出典：https://tylervigen.com/spurious-correlationsより筆者作成）

ニコラス・ケイジの映画出演本数とプールの溺死者の数（縦軸の最小値を変更）

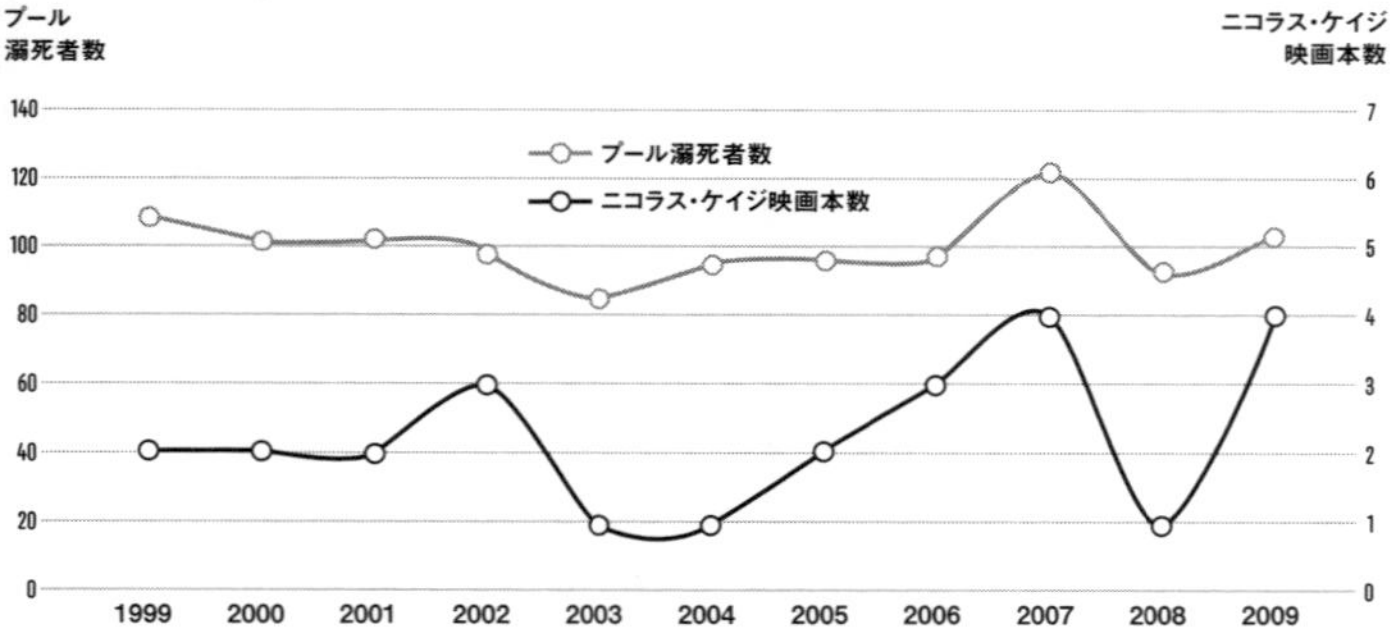

（出典：https://tylervigen.com/spurious-correlationsより筆者作成）

A→Bの因果関係があるのではないかと考えてしまったりします。グラフに流されずにデータを読み解くこと、相関関係があるときの因果関係には4パターンがあることをしっかりと意識しておくことが重要です。

CHAPTER 5

現場の広告プランニング

第2章から第4章まで、3つの過剰についてお話ししてきました。マーケター自身がバイアスを持っているという意識を持ち、普通はこうするといった定型の思考で通り過ぎていくことをまず疑ってみること。その際には疑いの型として、「過剰な一般化」「過剰な設計」「過剰なデータ重視」を道標にするのがよいのではないか、という内容でした。

ブランド認知を上げるのが目標でよいのか、ターゲットは本当に若くするべきなのか。当たり前だと思い込んでいた固定観念を揺さぶってみることができると、より状況に応じた広告プランニングに近づいていけると思います。ただし、疑うだけでは今の方向性が違いそうだということはわかっても、実際にどちらの方向に進めばいいのかがわかりません。

この章ではまず、状況によるマーケティングの使い分けについてお話しします。さまざまなマーケティング・フレームはそれぞれどういう場合に向いていて、どういう場合には向いていないのか。状況に応じて、気をつけるべきポイントとなってくることは何か。

ゴルフコースでは、ウッド・アイアン・パターなど10数本のクラブからどれを使うかをそのときの状況に応じて判断していきますが、実際には10数本すべてから毎回選んでいるわけではなく、このケースならこの3本のうちのどれか、といったように候補が絞れています。それは、それぞれのクラブがどんな状況に向いているかの特徴を理解しているからできることで、マーケティングにおいても同じです。では、始めましょう。

SECT. 01

状況によるマーケティングの使い分け

「かけられる予算」によるマーケティングの使い分け

マーケティングにおける「戦略」の定義として、「目的達成のための資源利用の指針」というものがあります。マーケターの音部大輔さんによるこの定義はシンプルでありながら、非常に汎用性に富んでいると思います。北村塾ではいつも初回に、受講生にそれぞれが考える「戦略」の定義を話してもらうのですが、目的達成のための、という部分はほとんどの方から出てくるものの、資源について触れられることはとても少ないです。**資源が変われば戦略が変わる**。これは指摘されれば納得できることですが、意識していないと抜け落ちてしまう可能性が高いポイントだと思います。

マーケティングにおける資源とは、次の6つだとされています。

ヒト・モノ・カネ・時間・情報・知的財産

クライアントから広告オリエンを受けて、私たちがよく質問するのも「想定されているご予算はいくらですか？」とか「いつまでに達成するスケジュールで考えられていますか？」といったことです。まずは、「かけられる予算」によってマーケティングの使い分けがどうなるのかについて話していきたいと思います。

マーケティングではＫＧＩ（Key Goal Indicator＝重要目標達成指標）やＫＰＩ（Key Performance Indicator＝重要業績評価指標）を設計し、何かキャンペーンをすればその結果がどうだったかのデータを取り、ＰＤＣＡを回すものだとされています。総論としては問題ないと私も思うのですが、懸念もあります。

軽視されているケースが多いと感じるのは、データを取るためには多くの場合、費用がかかるということです。「ブランドリフトサーベイ」のような簡易的な調査がサービスで付いてくるような施策もありますが、自ブランドに関連するブランド連想の推移やテレビCM認知率など、きちんとデータを把握しようとすればそれなりの費用はかかり、そこに予算を使えばその分だけ施策に使える予算が減ることに繋がります。

私の肌感覚ですが、PDCAのCにかけてもよいのは全体予算の中で、3％以内だろうと思います。予算が少ない場合ほど、実際の施策にかける予算にしわ寄せがこないように注意しなければなりません。例えば、信頼性が担保できる規模のサンプル数で定量調査を実施する場合は通常であれば少なくとも100万円前後はかかります。全体予算が3000万円であった場合、100万円は3％以内という枠を超えてきますので、よく言われるようにデータを取ってPDCAを回そうとするのは予算のバランス上、あまりよくありません。

通常、KPIなどの指標は数字で設定するものではありますが、かけられる予算の都合でそれが現実的ではない場合は、KPIが定性的になったり目分量になったりしてくるのもある程度、致し方ないと考えています。

アメリカでハリケーンなどの自然災害があったとき、復興支援で現場に派遣された米軍が支援から撤収するかしないか、判断のＫＰＩにするのは「干してある洗濯物の数」だそうです。洗濯物が干してあるのは水道と電気が復旧したサインであるという考え方で、おそらく調査ではなく目分量で数えているのだろうと思われますが、判断の目的がかなうのであれば、これくらいのゆるいＫＰＩでも問題ないのではないでしょうか。

実務上では、例えば何か施策を打ってそれが狙った通りの効果を生んだかどうか測りたい場合、その企画にまったく関わっていない何人かに初見で最終アウトプットだけを見てもらい、意見を聴く、くらいのことでも充分かと思います。数字が出ることが正義で、数字にならないものは判断材料として劣っているというのは「ただの考え」に過ぎない可能性があります。

「かけられる時間」によるマーケティングの使い分け

どれだけ時間をかけてよいのかということも、戦略を考える上で非常に重要です。3カ月で達成したいのか、1年なのか、3年なのかで、目標設定が変わってきます。目標設定でポイントとなるのは、「実現可能な目標であるかどうか」ということです。高すぎるように思える目標であってもかまわないのですが、あまりに想定する時間が短く、かつ高すぎるという目標を設定するのは現実的ではありません。

実現可能な目標設定が重要というテーマで例に出されるのは、アメリカのジョン・F・ケネディ大統領が1961年に「1960年代の間に人類を月に到達させる」という声明を出した、いわゆる「アポロ計画」です。当時のアメリカは宇宙開発でソ連に後れを取っていましたが、技術的には1960年代の月面着陸は可能という研究があり、実際に1969年7月、アポロ11号によって計画は達成されています。実現可能ないし少なくとも近いところまでは到達できるという目標でなければ、そこに向かっていくプロセスへの評価がままなりません。

マーケティングにおける目標設定ということでは、第2章でお話ししたように、例えばブランド認知率などの心理変容は動きが緩やかです。新商品のブランド認知率を短い期間で一気に上げるといったようなことはほぼ実現が難しく、時間がかかることとそれほどかからないことを区別した上で、かけられる時間に応じた実現可能な目標を検討していく必要があります。

3カ月など短期のキャンペーンでは、売上やキャンペーン応募数などの行動に繋げる目的と、ブランドに何かのイメージを貯めていく心理変容の目的の両方が考えられますが、心理変容は短期間で変動しにくい面があるため、目標設定としては行動指標の方になりがちです。しかし、その行動指標の数値を上げたいがために頻繁に値引きをしたり、あまり親和性のないキャラクターとのコラボを行ったりすることには慎重になるべきだと思います。

ファネルの下の方の購入に近いところでよく「刈り取り」施策というものが設定さ

れますが、果物畑で考えてもわかる通り、刈り取る前には種をまいたり、じっくり育てたりする必要があります。Give & Takeで言えば「刈り取り」はTakeであり、ブランドに対して過去にGiveしてきたものを得ているだけとも言えます。「刈り取り」がいかにうまくいったかを評価し、さらに刈り取れるようにすることだけを考えGiveすることを忘れると、気づいたころにはブランドがやせ細り、割引がなければ動かないものになってしまいかねません。指標を設定して見ていくのは問題ありませんが、それを追いかけることに躍起になるあまり中長期の視点を見失わないように気をつける必要があり、それは短期のキャンペーンであっても変わらないことだと思います。

「目標の違い」によるマーケティングの使い分け

マーケターの西口一希さんが提唱された「9セグマップ」という考え方があります。「ブランドを知っているか」「使ったことがあるか」「使う頻度はどうか」「今後も使いたいか」の4つの質問で顧客を9つの層に分け、どの層を動かそうとしているかをクリアにするというものです。「目標の違い」を意識するときに、この9セグマップは非常に有用です。

ブランド認知をしていない人に認知してもらいたい場合は⑨の人を、知ってはいるが使ったことがない人にトライアルしてほしい場合は⑦⑧の人を、またすでに使ったことがあるが頻度が少ない人にさらに使ってもらいたい場合は⑤⑥の人を、と考えていく必要があるわけですが、多くの広告主は①の人が世の中に実際以上に多くいるように思ってしまいがちです。

理由は、定性調査でデプスインタビューを行う際にロイヤルユーザーを対象者に選ぶことが多いからです。定性調査は対象者をそれ

9セグマップ

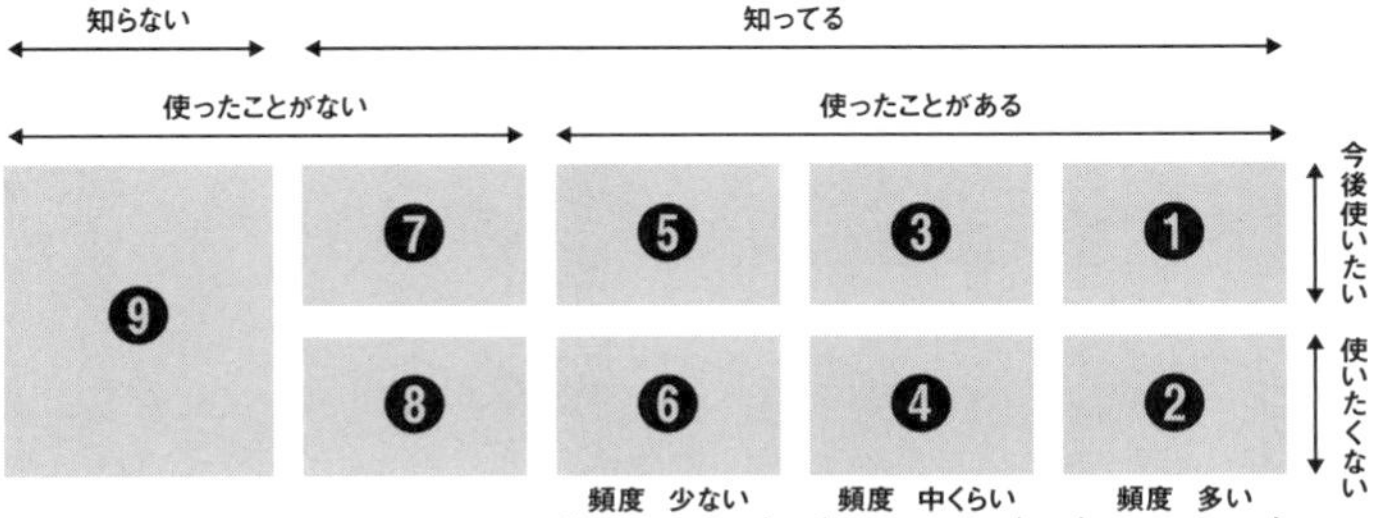

（出典：西口一希著『たった一人の分析から事業は成長する 実践 顧客起点マーケティング』をもとに作成）

ほど多く呼べませんので、ブランドについていろいろな話を引き出しやすいロイヤルユーザーを選びたくなるのですが、ロイヤルユーザーの声を聴く機会が多くなると、そういった方が実際以上に多いと考えてしまいやすくなります。⑤⑥の人を動かしていこうとしているときに①の人のイメージに引っ張られてしまうといろいろなところがズレてきますので、まずは関係者間で認識をすり合わせることが重要になります。

企業のビジネスは非常に多岐にわたっているわけですが、要するに何をしているのかを非常にシンプルに言語化すると、

誰に、何を、いくらで、どこで、どんな気持ちで買ってもらうか。

となります。これがマーケティングの4P（Product, Price, Place, Promotion）＋C（Consumer）に対応しており、広告はPromotionに含まれますので、「どんな気持ちで」つまり心理変容を促す部分が広告の目的になると私は考えています。広告の中でもブランドを知らない人に知ってもらったり、興味がない人に興味を持ってもらったり、

したいことは時に応じてさまざまですが、あらゆる場合に当てはまるように広告の目的を言語化すると、

消費者の心理状態を、「現在の状態」から「理想の状態」に変容させる。

ということになると思います。

9セグマップが優れているのは⑨から①の人、それぞれの「現在の心理状態」が異なるのが誰の目にも明らかにわかる、ということです。広告主の担当者自身が①であったりしてロイヤルユーザーではない人を想像するのが難しかったりすることもありますが、目標に応じて「現在の心理状態」を正確に捉えるところから始めていけるとよいと思います。

「商品カテゴリー」によるマーケティングの使い分け

第3章で詳しく見てきたように、まず非計画購買が多いかどうか、認知から購入に至るまでの平均ステップ数が少ないかどうかといったあたりで、パーチェスファネルが向かなかったり、カスタマージャーニーが向かなかったりするカテゴリーは存在します。店頭で初めて存在を知り、試しにぱっと買ってみるようなカテゴリーでは、ファネルの中間部分における商品理解やSNSでの検討などは、あまり重視する必要がありません。また検索行動をせずに購入するような平均ステップ数が少ないカテゴリーでは、顧客接点もおのずと限られてきます。

ぱっと買うのか、じっくり買うのかということ以外で考える必要が出てくるのは、第2章で述べた**「間口奥行《まぐちおくゆき》分析」**です。例えば食品はたくさん食べるとおなかがいっぱいになり奥行には限界があるので、売上を伸ばすには間口をとる（購入者数を広げる）必要がある。医薬品などのPain系カテゴリーは悩みを持たない層には買ってもらえないので間口に限界があり、奥行をとる（購入者あたりの金額を上げる）必要がある。カテゴリーによって形がある程度決まってくるという内容でした。

例えば、過去に使ったことがある人にさらに使ってもらいたい（いわゆるリテンション）と考えるときにも、自ブランドのカテゴリーが間口型か奥行型かによって、何回くらい買ってもらえればいいか目指す形が大きく変わってきます。ここは重要なポイントです。

奥行型の最たる例として挙げられるのは、一部のロイヤルユーザーが全体の利益のうちの大半をもたらすカテゴリーです。クリスマスの時期にデパートへ行くと見事なクリスマスツリーが飾られていて、季節感を感じ、幸せな気分になり、しかし何も買わずに帰ってきたりするのですが、そのクリスマスツリーにかかっているコストは一般の顧客からの利益というより、外商部の担当者が代々ついているような一部の顧客からの利益でまかなわれていたりします。

また、身近な例ではスマホゲームアプリも同じ構造です。ゲームアプリは無料で遊ぶ人（いわゆる無課金勢）がボリュームとして多い一方で、ごく一部に何十万円もの課金をする人（重課金や廃課金という言葉があります）もいて、その人たちの収益で運営が成り立っています。アイドルや歌舞伎など芸能の分野も、公演チケットをはじめさまざまな形でお金をかけるコアなファン層に支えられているカテゴリーです。そのアイドルに多くの人が平均的に年間で数百円ずつかけるわけではなく、ごく一部の人が数万円かけたりする。いわゆる「推し活」で、そうした動きはこれまで以上に広がっているように思います。

ゲームアプリや芸能などの奥行型のカテゴリーにおけるリテンションは、「ロイヤルユーザーの維持・育成」と目指す形がわかりやすいのですが、間違えやすいのは間口型のカテゴリーでも同じ形を目指そうとしてしまうことです。ファンをベースにして中長期的に売上を高める佐藤尚之さんの「ファンベース」はたいへん優れた考え方ですが、それに触発されたのか、間口型カテゴリーのクライアントから「自ブランドのことを毎日考えずにはいられない熱狂的ファンをつくるにはどうすればいいか」と相談されることは多くあります。

間口型は、そもそも縦（奥行）に伸びにくいカテゴリーです。1日3回食事をすると、年間では約1000回。どんなに食べることが好きでも、年間で5000回食事をするわけにはいきません。その1000回の中でも、いろいろなものを食べたいと思うものです。マクドナルドが好きで週に1回は行っているという人は、1年間は52週ですので52回マクドナルドで食べていることになります。年間1000回の食事のうち5％を充てていれば「かなり行っている」という感覚になる。1人の上限も伸びないし、1人の中のシェアも伸びないのでたくさんの人に買ってもらう（購入率を高くする）ことを考える。間口型とはそのようなカテゴリーです。

縦に伸びにくい間口型カテゴリーで、奥行型カテゴリーのような強烈なロイヤルユーザーを育成しようとするのは難しい。一方、間口型には奥行型にない間口の広さがあるわけですから、年間100回買うユーザーをつくらなくても、平均的に年間2回買っていた人に3回買ってもらうだけで、非常に大きな伸びになります。間口型のリテンションとはそのような薄く広い形を想定すべきもので、「リピート」や「ロイヤル化」といった言葉の語感とは異なる点に注意が必要です。

年間2回買っていた人を3回にするのでよければ、だいぶ気が楽になってくるのではないでしょうか。手法の一つに、よく売れている時期以外でチャンスがないかを考えるシーズナリティの逆張りがあります。例えばアイスクリームは基本的に夏によく売れるカテゴリーですが、「ハーゲンダッツ」は12月の売上が最も高いブランドです。暖炉の前で食べているCMを見た覚えのある方も多いでしょう。屋内であれば夏も冬もそれほど室温は変わりません。他にも冬に焦点を当てたアイスに「雪見だいふく」があります。逆張りには、

間口奥行分析

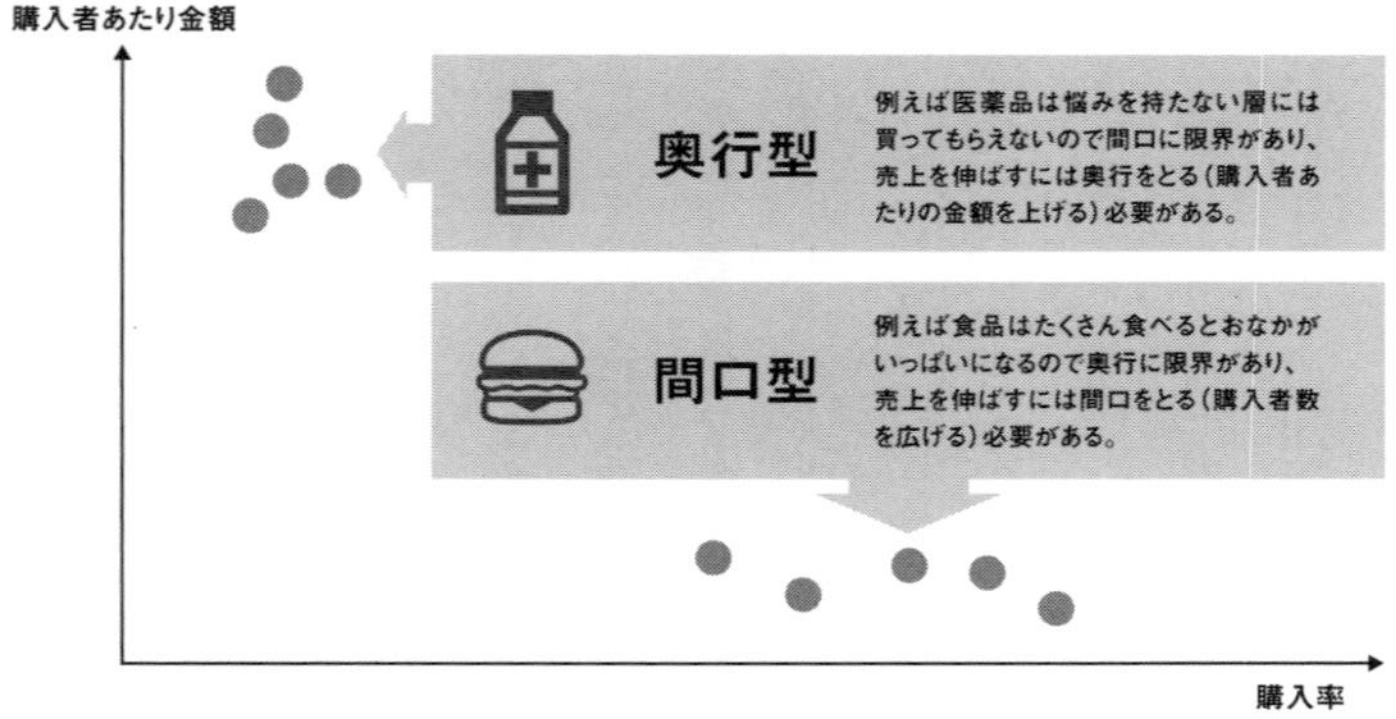
購入者あたり金額
奥行型
例えば医薬品は悩みを持たない層には買ってもらえないので間口に限界があり、売上を伸ばすには奥行をとる（購入者あたりの金額を上げる）必要がある。
間口型
例えば食品はたくさん食べるとおなかがいっぱいになるので奥行に限界があり、売上を伸ばすには間口をとる（購入者数を広げる）必要がある。
購入率

時期的に競合が少なくなる利点があります。

日焼け止めクリームも夏場が商戦期ですが、コンビニでよく売れるのは5月です。外出してみたら思ったより日差しが強かったけれど、まだ日焼け止めは買っておらずカバンの中にもなかったという人がコンビニで購入するからで、トップシーズンを少し外した時期の需要を拾っていくことで年間平均購入回数を1回でも上げられれば、全体での売上にインパクトを与えられることになります。

「ブランドの立ち位置」によるマーケティングの使い分け

コトラーは企業の競争上の地位を「リーダー」「フォロワー」「ニッチャー」「チャレンジャー」の4つで分類しましたが、大きくはそのカテゴリー内において、トップであるかないかでざっくり分かれてくると思います。

カテゴリー内のトップブランドである場合、さらに成長を目指すためには別なカテゴリーへ拡張していく必要があります。すでに勝てているカテゴリーで評価されている価値を一段階大きなレイヤーに引き上げていく考え方で、健康計測機器メーカーだったタニタが「健康をはかる」から「健康をつくる」に価値を拡張し、タニタ食堂などに参入していったようなイメージです。

また、当たり前のようですが、勝てているカテゴリーで大きく落とさないことも重要です。トップブランドはシェアが大きいため、対前年で数%落とすことのインパクトが大きくなります。例えば整腸剤カテゴリーのトップである「新ビオフェルミンS錠」は100年以上の歴史があり長年の愛用者も多いブランドですが、1年間で購入した人のうちその前年に購入した人の割合は40〜50%で、半分以上がトライアルです。ロングセラーブランドはずっと買ってくれているロイヤルユーザーがいるので安心というような考えを持ちがちですが、リピートしてくれる人もそうでない人も必ずいて、後者の割合の方が多いケースが多く、入れ替わりは避けられないのが現実です。離脱を許容するかしないかという話ではなく、顧客は呼吸のように、常に出たり入ったりしているものと認識しておく必要があります。

ブランドが成長するためには、必ず何かしらの変化が必要になります。ブランドは同じ人がそのまま買い続けるだけではないので、「今まで買っていなかった人が買う」という入れ替わりが起こらないと回らない構造になっています。トップを続けているブランドが陥ってしまいがちで注意しなければならないのが、クレイトン・クリステンセンの**「イノベーションのジレンマ」**です。

1950年頃のアメリカで、居間の中心に置かれていたのは大型の真空管ラジオでした。テレビが一般家庭に普及する少し前で、真空管ラジオは音質の良さを売りに人気を博しました。そこへソニーが超小型トランジスタラジオで参入します。軽くて持ち運びできるけれど音質がそれほど良くなかったトランジスタラジオを、真空管ラジオのメーカーは軽視していました。自分たちの顧客に「いいラジオはどんなラジオか?」と聞くと、「音質の良いラジオがいいラジオだ」という答えが返ってきていたからです。

しかし、トランジスタラジオは次第にシェアを伸ばしていきました。購入したのは、当時大流行したロックンロールを聴きたい若者でした（エルヴィス・プレスリーが人気を博した頃です）。「不良が聴くもの」とされ家の中では流されないロックを外で聴くため、トランジスタラジオは若者に人気の商品になりました。私の世代には懐かしいですが、日本でもチェッカーズの『涙のリクエスト』という曲に「トランジスタのボリューム上げて」という歌詞が出てきます。

真空管ラジオのメーカーは購入者には「いいラジオとは？」と聞いていましたが、非購入者にとっての「いいラジオ」を把握できて

イノベーションのジレンマ

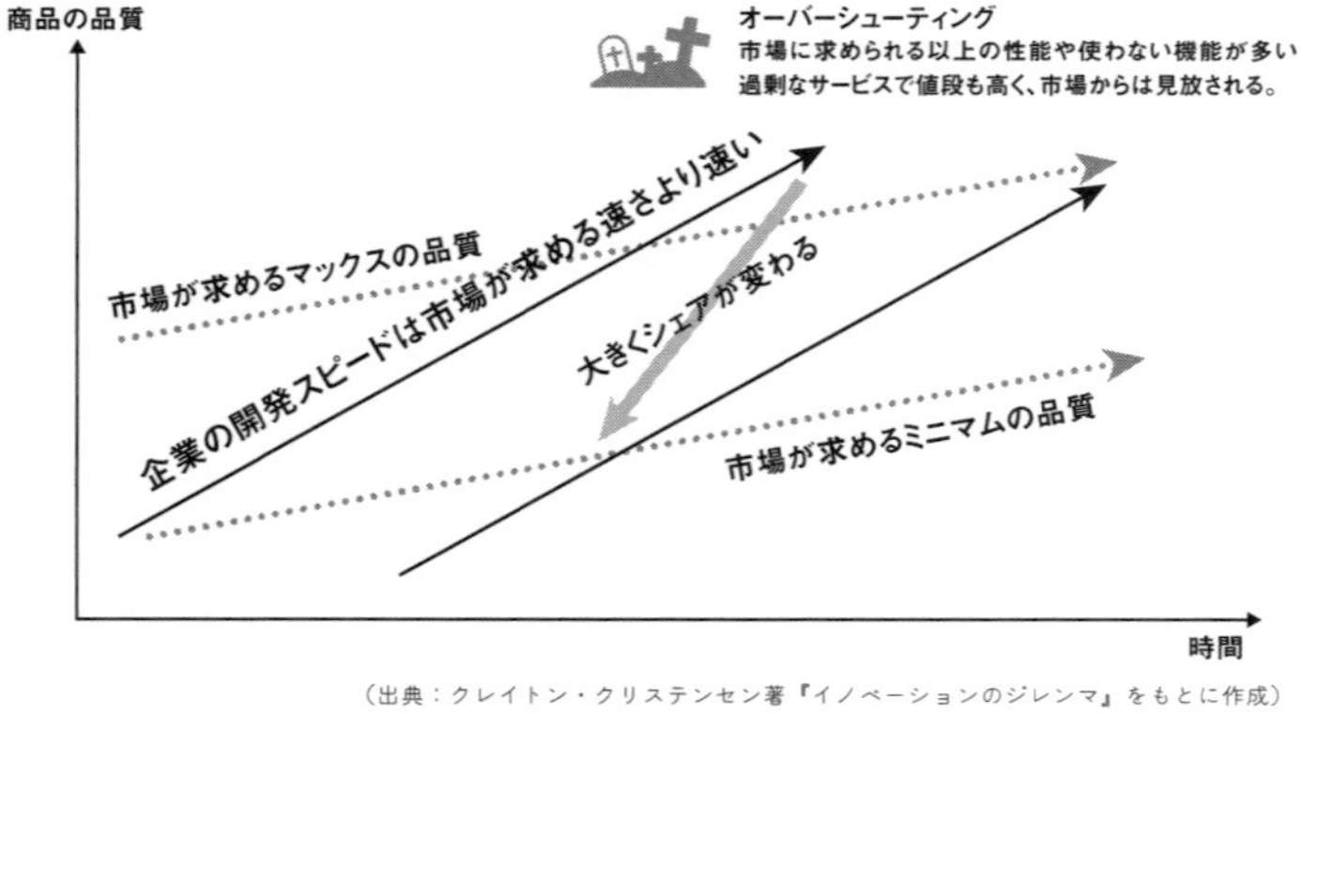
商品の品質
オーバーシューティング
市場に求められる以上の性能や使わない機能が多い
過剰なサービスで値段も高く、市場からは見放される。
市場が求めるマックスの品質
企業の開発スピードは市場が求める速さより速い
大きくシェアが変わる
市場が求めるミニマムの品質
時間

（出典：クレイトン・クリステンセン著『イノベーションのジレンマ』をもとに作成）

いなかったことがシェアを奪われる原因になったと言われています。自ブランドを買っていない人に「なぜ買ってくれないのか?」と尋ねても、「興味がないから」としか返ってきません。なぜ今の自ブランドを買わないかではなく、そのカテゴリーの進化や成長を願う同志として、買っていない人と企業が同じ地平に立って考えていくという構図が重要です。

買っていない人は、〝針のないホッチキス〟や〝消せるボールペン〟など、具体的な商品が出てきて初めてニーズに気づくことがあります。商品化する前のテスト段階や構想だけでもいいので具体的な形として発表し、クラファンなどでコンセプトを問うことも、今後への期待感を醸成する上では有効になるでしょう。

カテゴリー内でトップブランドを追いかける場合は、トランジスタラジオがそうであったように、ゲームチェンジを考えていくことになります。2010年前後の日本の自動車カテゴリーは、トヨタのプリウスが席巻していました。そのあとにアクアが来てプリウス・アクア時代とも言える状況となり、軽自動車も非常に好調だった時期です。つまりこの頃は、燃費のいい車が「いい車」だったわけです。

現在、自動車カテゴリーで重要視されているのは燃費よりもむしろ安全性能です。事故が起きてしまった場合の衝突安全性能に加え、衝突被害軽減ブレーキや車線逸脱抑制などの運転支援システムによる予防安全性能によって、各ブランドは評価されています。高齢者の事故の多発がニュースで多く取り上げられるなど、世の中の問題関心が燃費よりも重大事故を防ぐ方向に向いていることがその背景になっています。

高齢者の方が事故を起こしてしまう確率が高いことは以前からわかっていて、さらに人口動態を見れば高齢者がボリュームとして増えていくこともわかっているので、事故回避への関心が高まっていくことはおそらく2010年代の自動車メーカーには予見できていたでしょう。そして開発の方向性を前もってそちらに向けた結果、技術的に成功したのが現在の「いい車」であるはずです。広告はPromotionであり、Product開発とは時間軸が異なってきますが、どのタイミングで次の「いい車」についての提言を打ち出していくか、といったことが重要となってきます。

SECT.02

マーケティングを考える順序

続いて、マーケティングを考える順序についてお話しします。理論やフレームなどについてはそれぞれの内容が紹介されている本もいろいろと出ているかと思いますが、概念や事例紹介にとどまるケースが多く、マーケターが抱える目の前のリアルな実務において何から考えればいいのかについてはあまり触れられていないように思います。

順序としては、このような型を基本に考えていくといいと思います。

①競合（何が自ブランドに置き換わるのか）
②ターゲット（誰が自ブランドに置き換えるのか）
③便益（自ブランドはターゲットに何をもたらすのか）

④ターゲットの現在の心理状態
⑤ターゲットの理想の心理状態
⑥接点（ターゲットはどこで心理変容を起こすのか）

では、始めましょう。

❶ 競合（何が自ブランドに置き換わるのか）

エリック・シュルツの「戦略的コンセプトのＡＢＣ」でＡ（Audience＝ターゲット消費者）が誰であるかはＢ（Benefit＝便益）よりも先に検討されなければならないと述べられていること、そのターゲットの前に考えなくてはならないのが競合の設定であることを、第2章でお話ししました。競合についてはProductの形が似ているかどうかではなく、何のために使うのかという目的や、あるいは財布・胃袋・時間といった生活者の持っている資源の見地からも設定することができます。

競合というと「完全に打ち負かすべき相手」といったイメージを持つマーケターも多いように思いますが、実際にはいくつか置き換えうる商品の中の買い回りの候補に入ることで充分というケースも多いです。第3章で「計画購買」と「非計画購買」の話をしましたが、例えばスーパーに行ったときに買うものすべてを真剣に検討していたら疲れてしまうでしょう。日用品の場合は特に、人はあまり考えずに買い物を済ませてしまうものです。

考えなくても買い物ができるためにどうしているかというと、「冷蔵庫に常備する飲みものを買うとき、私はこの3つのうちのどれかを選ぶ」というような買い回りの候補を持って、その中で買っていることが多いと思います。その買い回りの中に入ればよしとするという考え方です。競合ブランドも買われ、自ブランドも買われ、その中で成長を目指すというくらいに考えた方が、生活者の感覚と合ってくるように思います。

② ターゲット（誰が自ブランドに置き換えるのか）

競合が定まると、それを誰が置き換えるのかというターゲットのことを考えられるようになります。先ほどご紹介した「9セグマップ」がここで役立ちます。ブランドのことを認知していない人には認知してもらい、使ったことがない人には初めて使ってもらい、使ったことがある人はその頻度を上げていく。最終的には使う頻度も継続使用意向も高い①の人、いわゆるロイヤルユーザーを増やしていくことを目指していくわけですが、ここで少し懸念されることがあります。

ブランドの利益がどのように生み出されるかというと、利益率の高い高額なグレードを買ってくれるか、何回も繰り返して買ってくれるかの2通りです。利益率が高くないグレードを1回だけ買うという客層からはあまり利益が出せません（新規顧客の場合は獲得コストの方が上回るケースも多いです）。つまり、利益の大半を生み出してくれるのはロイヤルユーザーであるわけです。

ロイヤルユーザーを増やしていくために よく使われる手法の一つが、ポイントプログラムです。ポイントのベースとなるのは「たくさん買ってくれた人には割引をする」というもので、それ自体は昔からあった考え方ですが、気をつけなくてはならないのは、そのプログラムがあることで競合から顧客を持って来れているかどうか。もしそうでないならば、利益の大半を生み出してくれるロイヤルユーザーをただ値引いているだけという懸念が生まれてきます。

私の娘は高校生で友達とよくディズニーランドに行っているのですが、何度も行きたいと思うのはディズニーランドが好きだからであって、割引しているからではないでしょう。割引はあれば嬉しいと思いますが、なければ行かないということはないはずです。ロイヤルユーザーはそのブランドを好きでいてくれている人たちなので、割引がなくても買ってくれる可能性があります。購入頻度も高いので、不必要に多くの割引をしている可能性がないかどうか検証をしていく必要があると思います。

③ 便益（自ブランドはターゲットに何をもたらすのか）

「戦略的コンセプトのABC」においてもそうですが、マーケティングではよくベネフィットという言葉が使われます。Functional Benefit（機能的便益）やEmotional Benefit（情緒的便益）という使い方もすっかり定着していますが、広告の現場では、このベネフィットという言葉が「商品が持つ強み」や「競合ブランドとの差別化ポイント」といったような意味にすり替わって使われることも多いです。

それを避けるため、私はできるだけベネフィットという言葉を使わず、日本語の「便益」の方を使うように心がけています。便益であれば、使う人にとって便利だったり益だったりすることなのだな、ということを忘れずにいられるからです。あくまでも、使う人がよりよく生きるために自ブランドがどのように役に立つのか、という視点に立って考える必要があります。

便益には、喜びを増やす「Gain系」と悩みを減らす「Pain系」という2つがあります。そして、そのブランドを使う意味が使う人自身の中で完結する「自己完結型」とその人と周りの人との人間関係に滲み出す「人間関係型」の2つがあります。

このうち多いのは、「Gain系・人間関係型」の便益です。わかりやすい例としては自動車が挙げられます。特に首都圏に居住している人は自動車を保有していても通勤で使うわけではなく、実際に乗るのは月に数日ということも多いと思います。つまり、使用することよりも保有していることから便益を得ているわけです。そのブランドを保有している人たちの仲間に自分が含まれていることを快適に感じている状態、いわゆる所属の欲求とも言

便益は、4パターン

Gain系 自己完結型	Gain系 人間関係型
Pain系 自己完結型	Pain系 人間関係型

えるでしょう。

「Pain系・人間関係型」は、レジでの現金払いや割り勘で手間がかからないようにするキャッシュレス決済サービスなどが挙げられます。「Pain系・自己完結型」は頭痛薬など、自分個人の悩みである痛みや痒みを和らげるものです。「Gain系・自己完結型」は「Gain系・人間関係型」に一部含まれるものが多いですが、誰かに言うわけではなく自分一人で楽しむようなカテゴリーで、二郎系ラーメンなどの一部の外食や、趣味・スポーツ用品といったものが該当します。

こうしたことをふまえ、便益をより整理していくことで、どのような心理状態をつくり出すのが理想となるのかが見えてくると思います。

4 ターゲットの現在の心理状態

先ほど述べたように広告の目的は「消費者の心理状態を現在の状態から理想の状態

に変容させる」ということなので、出発点であるターゲットの現在の心理状態は非常に重要です。出発点が定まり、到達したい理想の心理状態が定まって、初めて何をどのように伝えればいいのかを考えることができます。ですので現在の心理状態は実態とズレてはいけないのですが、簡単なようでいて、最も難しいポイントでもあります。広告のプランニングというのは課題解決のプランを考えることです。変えたい「課題」がまさにこのターゲットの現在の心理状態で、調査をするのもここを理解するためという目的のものが大半だと思います。

ターゲットの現在の心理状態は、大きく分けて二つあります。ターゲットが何をしたいか、あるいは何に悩んでいるかという当該ブランドとは関係のない心理状態と、ターゲットから見て当該ブランドがどのように見えているのかというターゲットとブランドとの関係の心理状態です。

前者のブランドとは関係のない心理状態については少し大きな枠組みでターゲットを捉えて考察することができますが、後者のブランドとの関係は、ブランド認知や使用経験の有無などによって大きく変わってきます。現在の心理状態を考えるには、この両方をふまえることが重要です。

ターゲットから見て「自ブランドがどのように見えているのか」を洗い出すことは、よく行われている「自ブランドの強み」を洗い出すということとは似て非なるものです。「自ブランドの強み」というと、生活者が理解できないような細かい機能的な差異の話に陥りがちですが、そうではなく「自ブランドがどのように見えているのか」が重要です。

コロナ禍で旅行が制限されていた時期、『地球の歩き方』は売上が激減しましたが、その中で生まれた『世界のすごい巨像』『世界の魅力的な奇岩と巨石139選』などの図鑑シリーズは、累計10万部を超えるヒットとなりました。『地球の歩き方』は「他の旅行会社が網羅できない現地の住人とのネットワーク、膨大な取材情報や写真を持っている」と多くの人に思われています。その『地球の歩き方』が作った図鑑となれば、きっと自分の知らないものがあるはずだと強く興味を引くものになるでしょう。

「旅行には制限があって今は行けないけれど、制限がなくなればいろいろなところに行ってみたい。ただし、まだ具体的な計画は立てられない」というのが『地球の歩き方』ブランドとは関係のない現在の心理状態。それと前述の『地球の歩き方』がどう思われているかが掛け合わさったことで、需要に合った魅力的な商品ができたのだと思います。

5 ターゲットの理想の心理状態

理想の心理状態は、現在の心理状態に比べればそれほど難しくありません。認知していなかったブランドを認知したり、未購入からトライアル購入してもらったりという中で、最終的にはロイヤリティ、つまりいかに好きになってもらうかという道筋の、どのあたりを理想の状態とするかということになります。

近年は動画コンテンツによる施策が充実してきたこともあり、これまでのように認知から関心、その次に検討といった段階的な心理変容ではなく、認知したと同時に関心や検討の方まで貫通してしまうような、地図のファネルで言う「タテに長い施策」も出てきました。動画コンテンツには情報量があるため、その商品の名前や内容理解からトライアルへのトリガーになるところまでを一気に伝えることができます。

2021年のNetflixオリジナル韓国ドラマ『イカゲーム』のヒットには、TikTokが大きな役割を果たしました。この作品中には「だるまさんがころんだ」などのシンプルな遊びをモチーフにしたシーンが多く出てくるのですが、それらをアレンジした動画が次々

タテに長い施策の例

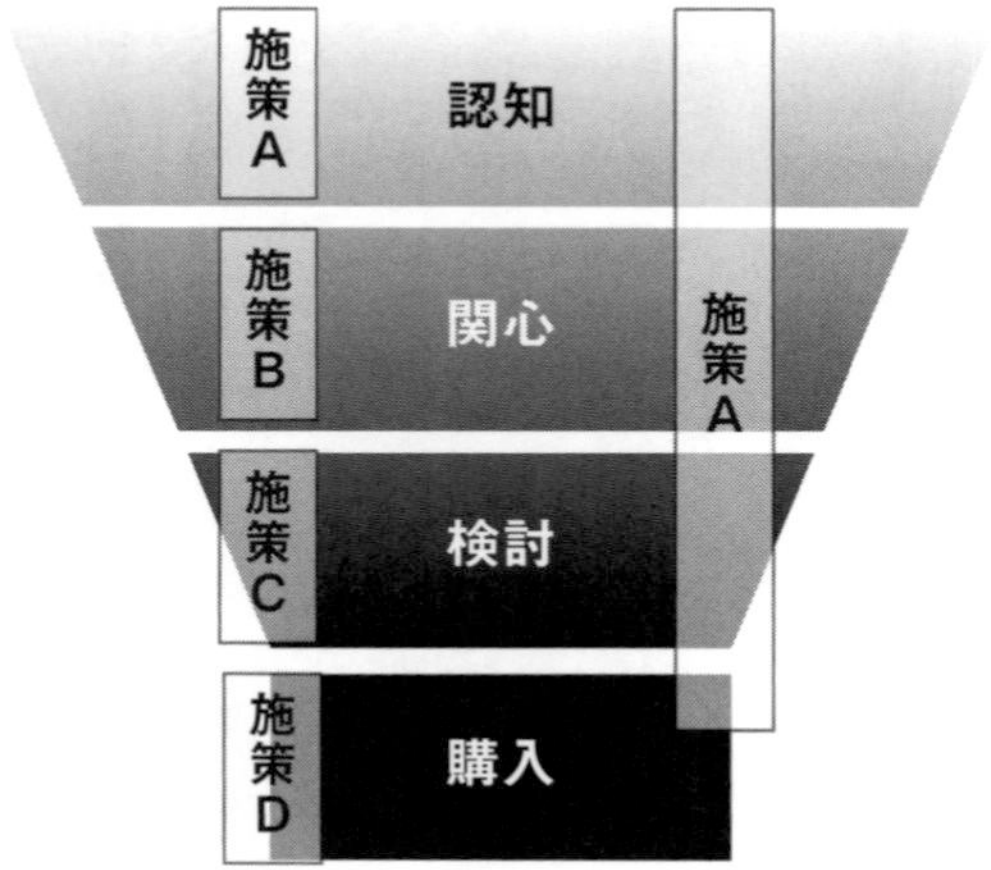

と投稿され拡散した結果、それまでは作品名さえも知らなかった人が興味を持ち、「一度観てみよう」まで大きく心理変容することになりました。このケースでのTikTokの貢献は、従来のＷｅｂ動画が担っていたような「すでに認知のある商品のミドルファネルを強化するもの」にとどまりません。

「現在の心理状態」がケースバイケースで多様であるように、「理想の心理状態」も個別に設定すべきもので、ファネルに沿っている必要はありません。また、必ずしも自ブランドを購入してもらうことが「理想の心理状態」ではないケースもあります。

１９８８年の日産セフィーロは、井上陽水が出演し「くうねるあそぶ。」というキャッチコピーを使った広告で有名になりましたが、９月発売だったにもかかわらず、8月から車の出てこないテレビＣＭを展開していました。ティザー広告の先駆けと言われるこのＣＭは複数のタレントがそれぞれの言葉でメッセージを語り、最後に「新しい日産を見るまでは、車は買えないね」と言って締めくくられます。

日産セフィーロは当時の売れ筋だった上級セダンという車種で、競合はトヨタのマークⅡでした。まったく同じターゲットを狙うマークⅡがセフィーロ発売前の8月にフルモデルチェンジすることがわかった日産は、先行するマークⅡの買い控えを狙い、発売前の広告展開に踏み切ります。この広告の「理想の心理状態」は「日産セフィーロを買いたい」ではなく、「マークⅡを買うのを待ってみよう」ということです。ターゲットの理想の心理状態には、そういった状態も含まれます。

6 接点（ターゲットはどこで心理変容を起こすのか）

ここまで組めてから、ようやく何をどのように伝えるか、という話になります。広告のプランニングを行う際に、いきなり何を伝えるか（What to say）、どう伝えるか（How to say）の話にいってしまうことは多いですが、誰のどんな気持ちをどう変えるのかというところがないと、What to sayは「商品が持つ強み」や「競合ブランドとの差別化ポイント」（それをベネフィットと呼ぶのが間違いであるのは先ほど述べた通りです）となり、How to sayは「今回予算に余裕があるのでテレビCMを使いましょう」になるといった、まったく筋の通らないプランニングになってしまいます。

テレビCMなどのように多くの人に見てもらえる広告種別は多額の媒体費がかかるので接点として優秀であると見られがちですが、ターゲットの心理変容を起こす上でそれだけが効果的であるわけではありません。

江崎グリコの「ジャイアントコーン」というアイスがあります。50年以上のロングセラーブランドですが一時期は売上が停滞し、過去に食べたことはあるものの最近しばらく食べていないという離脱者が多いことが特に課題でした。

「ジャイアントコーン」はそれまでチョコレートやナッツが乗ったアイスの頭の部分をタレントがおいしそうにかぶりつくというテレビCMを打っていましたが、しばらく食べていなかった離脱者は、コーンの中の部分がソフトクリームのようにスカスカになっていて最初はおいしくても最後の方までは楽しめなさそうだと誤認している、という仮説をグリコは立てました。そしてそれを覆すべく「最後までしあわせ詰まってる」「しあわせのチョコだまり」というテレビCMに変更しました。ジャイアントコーンで頭の部分ではなく一番下のコーンの先端部分にフォーカスした広告を打ったのは初めてのことでしたが、これで離脱者の再購入が起こり、リニューアル後の1カ月で1000万本という異例のヒットに繋がりました。

テレビCMの効果もあったと思いますが、実際には商品パッケージに「しあわせのチョコだまり」としっかり書いたことが売上に繋がったと思います。テレビCMは打ち始めてから3週間ほどで終わってしまうことも多いですが、CM終了後にしっかり伸び続けられるかが最終的な売上には響いてきます。商品パッケージやPOPは、特に店頭で複数ブランドの中から選んで購入するカテゴリーにおいて、非常に重要な接点となります。

SECT. 03

原理原則的であることと、そうでないこと

原理原則的である「便益・人間の心理」

この章の最後に、原理原則的なこととそうでないことについてお話しいたします。第1章でも少し触れましたが、人間の心理については時代が変わってもそれほど変化はないものと思われます。コロナ禍の時期にフランスの社会心理学者であるル・ボンの『群衆心理』という本が注目を集めたことがありましたが、この本が書かれたのはフランス革命後のことでした。フランス革命の頃の人々と現代の人々とで、心の動きに通じるものがあったということです。

ノンフィクション以外でも、国内外を問わず古典名作が読み継がれているのは、そ

れらの作品中の人物の心の動きが今なお共感を生むからでしょう。人間の心理はずっと変わらず、マーケティングにおける「こう生きたい」「この悩みをなくしたい」という人間の心理に立脚した便益の部分についても、原理原則的であると言っていいと思います。

原理原則的でない「競合」

それに対して、人間の心理以外の部分はむしろほとんどが原理原則的ではなく、移り変わっていくものだと思います。世の中にあるものが次第に変わっていってしまうので、「置き換えうるもの」である競合も常に変化にさらされていきます。

コロナ禍の間に冷凍食品のカテゴリーは総じて売上が伸長しましたが、中でも好調だったのが冷凍パスタです。かつてスパゲティは乾麺を茹でて作るのが当たり前でしたが、スーパーやコンビニの冷凍食品売り場に行くと、冷凍パスタは売れ筋商品として非常に注力されているのがわかります。その背景には冷凍食品メーカーの生産技術向上があるだけでなく、冷凍物流の管理システム、また家庭用の電子レンジの高機能化なども関係していると思われます。さまざまな条件が変わっていくことにより、数年前にはなかった市場が出現し、置き換えうるものが常に動く。Productの形が似ていないものの変化には、特に注意が必要です。

原理原則的でない「ターゲット」

人間の心理は基本的に変わらないものの、商品を使う人であるところのターゲットは変化していく可能性があります。かつて、お菓子のカテゴリーは小さい子供が喫食者で、そのお母さんが購入者でした。しかし昨今では明治の「チョコレート効果」やアサヒグループ食品の「ミンティア」など、ヒットと呼ばれているのは、ことごとく大人が食べているブランドです。これは少子化が背景にあり、「以前と変わらず子供に人気」というのでは子供の人口減によって次第に売上が低下するのが避けられないため、いかにして大人に食べてもらうかに各社が取り組んでいることの結果です。

性別においても「男らしさ」や「女らしさ」といったものの見方が忌避されるようになり、例えば男性化粧品市場が伸長するなどの動きが見られます。60代よりも人口が多くなっている70代の消費行動にも、より注目していく必要があるでしょう。「このカテゴリーはこの性年代」といった固定観念にとらわれない発想が求められているように思います。

原理原則的でない「接点」

生活者とブランドの接点は、言うまでもなく最も変化の激しい分野です。メディア接触行動や連絡手段は数年の間に大きく変化します。『日経トレンディ』歴代ヒット商品の2012年の第2位は「LINE」でした。それはつまり、その前の年までLINEを使っている人があまりいなかったということを意味します。私も当時、会社の会議で後輩のプランナーが「LINEというものがあるらしいです。スマホに入れるアプリで、連絡をしたりするのにとても便利だそうです」と言っていて、ちょっとどんなものかよくわからないなと思った記憶があります。そんな時代が、たった10

年前のことであるわけです。

X（旧Twitter）やInstagramなどを「ＳＮＳ」として一括りにするのも、もはや無理のある捉え方であるように思います。ひと昔前は「４マス（テレビ・新聞・雑誌・ラジオ）」に対して「デジタル」という括り方がありましたが、デジタルがあまりにも広くなり、雑誌などもＷｅｂメディアとしての色合いが強くなってきたりして、「４マス」と「デジタル」は対になる構造ではなくなってきています。

TikTokは一般的にはＳＮＳの一つと捉えられていますが、フォローしているかどうかよりもアルゴリズムにより「おすすめ」される動画の方がメインで流れてくるという意味合いにおいては、ＳＮＳよりメディアに近いと思います。逆に、ＳＮＳとは呼ばれていないYouTubeの方がＳＮＳ的であるような側面もあるでしょう。接点そのものの盛衰に加え、それら接点の捉え方についても状況に応じて見直していくべきではないかと思います。

原理原則的でない「マーケティングそのもの」

マーケティングを構成するものの多くが変化していく以上、マーケティングそのものも原理原則的ではなく、移り変わっていかざるを得ません。また大前提として、「課題は常に個別である」ということも認識しておく必要があります。

英語力を高めたいとか身体に筋肉をつけたいといったような、多くの人々が共通に持つ課題には、これにのっとればうまくいくという確立された手法が存在するでしょう。しかし、マーケティングの課題は常に個別です。カテゴリーやその中でのブランドの立ち位置、ターゲットからどのように見られているのか、対流通への営業力などの条件が異なったり、あるいは同じブランドの課題であっても競合や接点などが変化していったりします。そう考えると、ぴったりのフレームやメソッドを見つけ、当てはめて完結しようとするのではなく、手でそのつど個別最適化して解決していかなくてはなりません。

型を使って整理したり、関係者間で共通認識を持ったりすることはかまいませんが、あくまでも会話や理解、思考を深めるための参考であり、最後までその型にこだわる必要はありません。

お釈迦様が弟子に説いたとされる「筏《いかだ》のたとえ」という話があります。旅人が川を渡るとき、橋がなく泳いでも渡れなかったので、筏を作って無事に渡った。筏は向こう岸に自分を運ぶには役に立ったが、その先で続ける旅に担いでいくべきではない。役に立ったものでもその場に捨てていくべきだ。自分の説く法もそのようなものであると。マーケティングにおけるさまざまな考え方も、そう捉えるのがいいのではないかと考えています。

CHAPTER 6

北村塾受講生との対話から

この章では塾の受講生との対話の中から、一部をご紹介します。私の塾では毎回、宿題を出しています。マーケティングに関する書籍の中から指定した箇所をあらかじめ読み要約し、それに関連した質問への回答を考えてくるという内容です。要約をするのは、まとまった量の情報の中で要点を「選ぶ」トレーニングです。全体的に内容をおさえる議事録のようなものを求めているわけではありません。相手に内容をコンパクトに伝えたいときにも、要点を「選ぶ」技術が必要になってきます。

そして、私から受講生に対してする質問は、抽象的な思考を具体例に落とすという形で問いかけることが多いです。具体的なブランドや事例とその一つ上の抽象的なレイヤーを行き来するトレーニングを意図しています。

受講生の答えは実に多様で、私が一人で考えていても思いつかないようなブランドや事例が出てきます。ぜひご自身でも考えていただき、受講生の回答と見比べてみてください。さらに挙げられた具体例をふまえて、再び抽象的なレイヤーに括ってみるとどんなことが言えそうかを考えていくことで、さらに考えを深められると思います。

SECT. 01

受講生への質問

Q 原価が同じでも、意味が加わることによって価格が高くなっているブランドの例を挙げてください。

A 受講生の回答

受講生❶ 「バルミューダ」。家電は機能軸で選ばれることが多い中で、使っていないときの家電はインテリアになっているという側面もあることに注目して、デザインやおしゃれ軸という意味が加わっている。

受講生❷ 「フェアトレード系商品」。開発途上国で生産された商品が安価であることが多いのに対し、途上国の生産者の方々に正当な対価が支払われることで、生活水準の改善や自立に貢献するという意味が加わっている。

受講生❸「ポロ ラルフローレン」。マークがあることで相手に「ちゃんとした服を着てきてくれている」という印象を与え、自分が尊重されていることが伝わるという意味が加わっている。

受講生❹ オーストラリアのスキンケアブランド「イソップ」。オーガニックな印象がありデザインもシンプルで、生活を豊かにするブランドというイメージがある。イソップを使っている人やお店は、品がある感じがする。

受講生❺ アイドルのライブコンサートの演出として上から降ってくる「銀テープ」。原価は高くないはずだが、ライブのロゴやメンバーのメッセージが書かれており、一部のファンの間では特別な価値があるものとなっている。

北村コメント

同じカテゴリーに属する他のブランドに比べ「新しい評価軸を提案する」ということをしているケースと、そのブランドを保有することで他の人からどのように見られたいかという「他者からの視線」がキーポイントになってきそうです。銀テープやお土産品などのように「何らかの記憶や思い出」が付着して価格が上がるケースもありそうですが、例としてはあまり多くないかもしれません。

Q 商品の機能とユーザーにとっての便益が同一の例と異なる例を挙げてください。

A 受講生の回答

受講生❶ 通常のヘアドライヤーは機能と便益が同じだが、「ダイソンのドライヤー」は今までにない形のドライヤーを使うことがユーザーの新しい経験になり、それを使うことで自分が最先端にいる感覚を持つことができる。

受講生❷ 通常の掃除機は部屋の掃除ができるということで商品の機能と便益が同じだが、ロボット掃除機の「ルンバ」は部屋の掃除をしている間に他のことができるという便益がある。

受講生❸ 格安スマホは機能と便益が同一だが、「iPhone」はiPhoneのブランドに対して価値を感じており、搭載されている機能を使っていなくても損だと感じていない。iPhoneのいくつを使っているかを人に話すのは、他のスマホ端末では起きていない行動だと思う。

受講生❹ スマホのケースは自分で見て楽しむとか落としたときに壊れにくくするという機能と便益が同じ例で、異なる例はスマホを首や肩から吊り下げられる「スマホストラップ」。落としにくくなる、両手が空くというのが機能だが、それよりも他の人からおしゃれに見えるのが便益だと感じる。

北村コメント

便益が自己完結型ではなく人間関係型になると、機能そのものよりも自分がどんな人であるかを表す意味が強くなってくるように思います。また、ルンバは一例ですが時短に繋がるカテゴリー（冷凍食品、シリアル、宅配サービスなど）はその商品の機能そのものよりも時間の代替利用が強い便益となることが多いです。その場合、「手抜きをしているずぼらな人とは見られたくない」という他者からの視線を意識してメッセージを考える必要があります。

Q **お菓子のカテゴリーで、購入者から求められる内容の変化が売上に大きく影響した例を挙げてください。**

A **受講生の回答**

受講生❶「グミ」。おいしさや食感以外に「映えるかどうか」が基準として加わった。お菓子というよりは小物の一つになっている。

受講生❷「ラムネ」。勉強や仕事の集中力を上げることを打ち出している。かつてはコーヒーなどカフェインの入ったものを飲むという選択肢が浮かびやすかったが、そこにラムネも入ってきているように思う。本当か不明だが、二日酔いに効くと言っている人も周りにいる。

受講生❸ 明治の「チョコレート効果」。おいしさというよりも高カカオで健康に良いことが購入理由になっており、嗜好品よりも健康食品になっている。

受講生❹ 「ゼリー」。おやつとして以外に、ローカロリーであることや食物繊維などが重視され、ダイエットのお供として食べられることが多くなっている。

受講生❺ 「トニーズチョコロンリー」という会社のチョコレートが、オランダでシェア1位を取っている。世界のカカオ農園で2百万人の子供が違法に強制労働されていること、チョコレートの収益分配が不当であることを正すというポリシーが人々に支持されている。

北村コメント

お菓子のカテゴリーは少子化の影響を受けるため、「いかに大人に食べてもらえるか」が各社共通のテーマです。そのため、「健康」「ダイエット」「作業への集中」「SNS」など大人ならではの関心軸に沿った方向性が模索され、結果的にお菓子以外の競合を意識した戦略策定が求められます。お菓子以外の何か（例えば健康食品など）と競合する場合は「お菓子であること」（＝おいしさ、気軽さ）が強みとなることが多く、お菓子カテゴリーの中での競合と戦う戦略とはかなり違ったものになってきます。

Q

「消費者は他者との関係性の中で物やサービスを消費する」という考え方を活かしていると思う具体的なブランドとメッセージの例を挙げてください。

A

受講生の回答

受講生❶ お土産や差し入れで「ハーゲンダッツ」などの少し価格が高いものを渡すことで、相手に対しての気持ちを表すことができる。

受講生❷ 「ユニクロ」。究極の普段着というメッセージで、価格が安く普段使いするものでありながら、品質が良く雑でない感じにも見られたいという気持ちに応えている。

受講生❸「キッコーマン」。「おいしい記憶をつくりたい。」というメッセージで、家族など誰かのためにきちんとした食事を作りたいという気持ちを捉えている。

受講生❹「ウーバーイーツ」。仕事や子育てなどで忙しい人にとって、食事を準備する時間を他の家事や家族との時間に使うために利用してはどうかという提案として、「ウーバーイーツでいいんじゃない?」というメッセージを打ち出している。

受講生❺「キットカット」。受験生を応援するブランドとして定着しており、メッセージを書き込めたり、紙パッケージでお守りや折り鶴を作れたりする手法もブランドの方向性に合っていると感じる。

受講生❻「Amazon」。一人暮らしの人が自分用の買い物に使うケースも実際には多いと思うが、広告では家族など他の人のために買い物をするシーンが多くなっている。無機質なイメージになりやすいと考え、情緒的な印象づけをしようとしている可能性がある。

北村コメント

他者からどう見られたいかということとは別に、他者との人間関係をより良いものにしたいという欲求は強くあり、それを改善することにブランドが一役買うという構図はさまざまなカテゴリーで見られます。大成建設の「地図に残る仕事。」は社会のインフラ整備に貢献するということだけでなく、働く人とそれにかかわる他者との間で仕事の成果が見えやすく、やりがいを感じやすいことを想起させていると思います。

Q 自分が好きなものと好きな理由、それと似た好きでないものと好きでない理由を挙げてください。

A 受講生の回答

受講生❶ 好きなものは「映画館」。没頭できるアトラクションとして楽しむことができるから。それと似た「動画配信サービス」は好きではない。一つの作品に対してお金を払っていないので、BGM的に流し見してしまうから。

受講生❷ 好きなものは「フットサル」。得点を取るためにどうしようか、仲間とコミュニケーションできるから。同じ運動系で「筋トレ」は好きではない。一人で黙々とするもので、周りとの関わりがないから。

受講生❸ 好きなものはソニーの「ノイズキャンセリングイヤホン」。Appleの「AirPods Pro」も同じ機能がついていてデザインやiPhoneとの相性も良いが、それにも増してソニーの方がヘッドホンの技術力があると思うし、ノイズキャンセリングを先に出したのもソニーなのでそこに信頼を置いている。

受講生❹ 好きなものは「宝塚歌劇団」。圧倒的な非現実感と華やかさが魅力。それに似ている「劇団四季」はそれほど好きではない。劇団四季は、一人一人の劇団員よりも作品の再現性を重視していると感じる。宝塚は劇団員の個性を活かすものが多いように思う。

受講生❺ 好きなものは「鳥貴族」。おいしさと、価格が一律という安心感、それから全体的に壁で隔てられていて半個室のようになっているレイアウトが周りを気にせず楽しめて良い。それに似ている「磯丸水産」は、広々とした雑多な居酒屋感が自分はそこまで好きではない。

北村コメント

マーケターは「好き」を再現することを求められるので、「好き」の理由を言語化してみましょうという意図の質問でした。「好き」の理由は一つだけではなく、さまざまなルートをたどってロイヤリティに至るわけですが、それらがどんなルートなのかを考察するために、似ている好きでないものとの差分を考えるのは有効な方法です。

Q **消費者目線を大切にするためにプランナーが普段からした方がいいと思うことを挙げてください。**

A

受講生の回答

受講生❶ お店の棚を見に行くこと。商品がどのあたりの高さに並べられているか、コンビニとドラッグストアでどう違うか、店のある場所によってそれがどう変わるかを見る。自分が生活者として買わないような商品の売り場も見るようにしている。

受講生❷ 話題になっていることを自分で体験してみる。ガストのネコ型配膳ロボットが可愛いと人気になったが、どういう部分が好まれているかは見てみないとわからないところがあるので、普段行かないような店や場所でも実際にリアルで見にいくようにしている。

受講生❸ 日常生活の中で、変わった人を見つけようとする。一人で焼肉に行くなどあまり世の中で多いわけではない行動を見て、そこに需要があるのではないかと考えてみる。この間、朝の通勤中のバスの中でスマホの麻雀ゲームをやり込んでいる女性を見た。需要があるのかもしれない。

受講生❹ 外に出ること。先輩から「こたつプランナー」にならないようにというアドバイスを受けたことがある。

受講生❺ 人と話すこと。一人で体験できることにも限りがあるので。

受講生❻ 世の中で流行しているものの理由を、一つだけではなく二つ以上、考えてみる。一つだけだと思考停止してしまうが、流行しているものはたいてい好かれる理由が複数あるものだと思う。

北村コメント

ブランドのことを考え過ぎ、ブランドを詳しく知っている人と話し過ぎると、消費者目線とズレてくることがよくあります。台風が西から東へ動いていくときに、九州地方にとどまったまま関東地方に到達する台風はありません。詳しく理解することはもちろん必要ですが、動かしたい消費者と目線がズレてしまっては元も子もないので、そこに意識を置いて行動することが大切です。

Q

「誰が、今どう思っているのを、どの接点で、どう思うように変えるか」というフレームを使って、「漢字検定」の受験者数を増やす戦略を考えてきてください。

※予算や時間は無制限とします。

A

受講生の回答

受講生❶ 子供がいるお母さんが、宿題を見てあげられる良いお母さんになりたいと思っているのを、YouTubeで、漢検を受ければそうなれると思うように変える。

受講生❷ シニアの方々が、漢検は子供や学生のためのものと思っているのを、老人ホームなどの施設にテキストを配布して、認知症対策やステップアップする楽しみに繋がるものだと思うように変える。

受講生❸ 子供を持つ親が、漢検は子供だけが受けるものと思っているのを、子供が小学校に上がるタイミングで、子供と一緒に親も受けようと思うように変える。

受講生❹ 社会人が、漢字が書けなくなっていると思っているのを、勉強カフェなどの接点を使って、漢検を受けることで言葉の理解力や語彙の表現力が上がりプレゼンや報告書などのクオリティが上がると思えるように変える。

受講生❺ 20〜30代の若者層が、インターネットで情報を取ることに慣れ過ぎて読書ができていないのを内心不安に思いつつ敷居が高く踏み出せないでいるのを、漢検を受けて勉強することによって、本に対する苦手意識を減らし質の高い学びができるようになると感じてもらう。住友生命の「ワンアップ」のような、過去の自分よりも成長している姿を広告で訴求する。

北村コメント

ターゲット設定が変わるとその後がほぼすべて変わる、ということを感じていただくための質問でした。実際にはその前に競合（置き換えうるもの）を考えます。漢字検定の場合は勉強するための時間を、いま何をしている時間から置き換えるか、ということになると思います。どのターゲットを選定するかは一つでなくてもよく、施策によって変えていいのですが、予算などの資源を使うことになりますので、「考えを変えやすいか」ということは選定の基準になってくると思います。

SECT. 02

受講生からの相談

準備していたテーマを話し終えたあと、北村塾では受講生からの質問や相談を受けることにしています。各回の内容に沿った質問以外にも「マーケターとして普段から気をつけておくべきことは何か」といった全般的なテーマに関する相談がよく出ます。

具体的な案件のプランニングを行う中で行き詰まったとき、頼りになるのは、日々の情報の取り込み方やものの見方の部分でつくっておいた貯金であるような気がします。現場のマーケターがどんなことを考えているのかも含めて、参考になる部分があればと思います。

1 初級編

素朴な疑問は口にしてもいいのか

Q

マーケティングの部署に来たばかりで勉強中です。例えば認知率などのKPIに向かって広告をどれくらい投下するといった専門的な議論をしている中で、本当にこれは売上が上がったり、商品を使う人のためになったりするのだろうかと素朴に思うことが多くあります。自分の経験が浅いこともありなかなか意見が言いづらいのですが、どうすればいいでしょうか?

A

クライアントも広告会社もずっとその案件に関わっている人は慣れてしまい、凝り固まってしまいがちなところがどうしてもあると思います。そもそもの部分に立ち戻って考えたり議論したりすることが手薄になりがちな一方、状況は常に変化していきますので、無垢な気持ち、消費者の気持ちで一石を投じるというのは新しく加わったメンバーに期待されていることだと思います。言い出しにくいかもしれませんが、そうした役割を持っていると思って、勇気を持って投げかけてはどうでしょうか。

言語化能力を高める方法は

Q 考えていることを説明するときの言語化能力を上げるために、した方がいいことは何でしょうか？

A 現場担当者の間で合意された内容が決裁をとるために上申されていくとき、最終的にはとても忙しい人に対して短い時間で理解を得ないといけないという局面が出てきます。資料もほぼ使わずに1分で説明するといったときのために、簡潔で的確な言語化能力は非常に重要です。

言語化能力を高めるためにはアウトプットを繰り返すことが有効なのですが、考えていることを紙に書いて可視化するのが特におすすめです。人に話すのも良い練習になりますが書く方が残りますので、自分が書いたものと頭の中のイメージを照合し、ズレを小さくする作業を繰り返すのが良いと思います。話す場合は、話しただけでなく録画を撮って見返すのが有効です。

インプットの重要性をどう考えるか

Q **マーケターは、新しく出てくるいろいろな考え方や最新の他社事例など、情報のインプットがとても大事であるように思いますが、そのことについてどうお考えですか？**

A とにかく流れが速いので、実務で案件に携わっている中で自然に入ってくる情報以外にしっかり時間を確保して、情報を取っていく必要があります。私の肌感ですが、2年前に持っていた情報は実務でほとんど役に立たないと思います。

職種によっては若い頃に実力をつければベテランになってもそのときの貯金で何とかなるというものもあると思うのですが、マーケターはまったくそういうものではありません。直近2年間の勉強量であっさり力関係が逆転する。そういう意味では若い方には早くに活躍するチャンスが開けていると思いますし、ベテランは楽ができないですが逆に言えばまだまだ成長できる。同じ土俵で切磋琢磨できるという意味ではとても刺激的な、魅力ある仕事だと感じています。

担当商品に興味が持てない場合

Q **担当することになった商品に興味を持って、自分でも使用してみたり理解を深めてプランニングしていく方がよいということはわかるのですが、どうしても興味が持てないときはどうすればいいでしょうか？　実際に提案していても、クライアントにこの人、本当は興味ないだろうなと見透かされている気がします。**

A マーケターも人間なのでどうしても興味が持てないこともあるし、例えば医薬品などでその疾病がなければ自分では使用しないこともあります。一つの方法としては商品そのものに興味が持てなかったとしても、その商品をよく使っている「人」の方に興味を持つということはできるように思います。基本的に人は人に興味があり、マーケターは特にその傾向が強いと思いますので、「商品に興味を持つ」を「ある種の人間に興味を持つ」に変換し、その人の考えていることが代弁できるくらいに理解を深められればよいのではないでしょうか。

対象者の気持ちがわからない場合

Q

担当している案件で、対象者の気持ちがわからないときはどのように考えるのがいいでしょうか？　具体的には自殺をなくそうという内容なのですが、自殺をしようとする人の気持ちもうまく想像できないし、どこからどう考えればいいのかもわからないです。

A

何かを買ってもらいたいという内容がマーケティングでは大半で、考え始める順序はまず競合、つまり何が自ブランドに置き換わるのかということだったわけですが、この場合は「自殺をしない」という道を「自殺をする」という道に置き換えようとしている人が対象者になるのだと思います。

その人にとって、「自殺をしない」という道は「自殺をする」という道よりも苦しく、魅力的に感じられないのでそうした思考になるわけですが、周りの人から見ると「自殺をしない」道の方が魅力的と感じられることの方が多い。それを視野の違いによるものだと考えてみましょう。すると、対象者の所属しているコミュニティ以外の空間的な視野と、対象者が生きている現在以外の時間的な視野の二つが周りの人の方が広い、ということだと捉えられる。りんごを究極まで近づいて見たら赤い壁に見えてしまうのと同じように、視点をずらして視野を広げるということを考えていけばいいのではないか、などと糸口がつかめてきます。

これは一例ですが、対象者の価値観がマーケター自身のそれと異なる場合にも、何を何に置き換えるのかという思考の方法は有効だと思います。

本当にブランドは争点で選ばれるのか

Q **イノベーションのジレンマに関連して、ミネラルウォーターで「い・ろ・は・す」が出る前は採水地で戦っていたのが、「い・ろ・は・す」以降はペットボトルのリサイクルに争点が移り、シェアも変わったという話がありました。ですが、自分は一生活**

者として、水を買うとき特に環境問題を意識してブランドを選んでいません。争点がどのくらい効いているのか実感しづらい部分があるのですが？

A 結局のところ「割合」の話なので、100人中で何人がそう思うかということです。100ではないし0でもないという中で、環境問題を意識してブランドを選ぶという人がどのくらいいて、その文脈であれば他の文脈で戦うよりも自ブランドは勝てそうか。それがある程度見込めるようなら結果として売上は増えるだろうということなので、「割合」の話だと認識しておくのがいいと思います。

2 中級編

違和感のセンサーを磨く方法は

Q **「何となくこれは違うのではないか」という違和感を持つところからいろいろな考察が始まるように思うのですが、そのセンサーを研ぎ澄ませるためにしておいた方がい**

いことはありますか？

A 例えば何か本などを読むとしても、似たテーマで少し違う角度から書かれた本を同時に3冊読むなど、立場の違う人の意見に耳を傾けるのは大事だと思います。情報は、事実というよりは誰かの偏った主張であることの方が多いです。

『歴史とは何か』（E・H・カー著）の中に、「歴史家が指し示す歴史的事実そのものよりも、その解釈を唱えている歴史家自身がどんな社会に生きて、どんな思想を持っているのかに注目しなければいけない。解釈のもとになる事実を歴史家自身が選択しているからだ。歴史家は空から見渡す鷲ではなく、行列の中でとぼとぼ歩いている冴えない一人に過ぎない」という話が書かれています。仮に現在の自分が一面的なものの見方になっているとしたら、もう一方には何があるのか。自分自身が人間であり、何らかの偏りを抱えた存在であることを可能な限り意識しておくことが大事だと思います。

自分自身が持つバイアスをどう越えるか

Q マーケター自身がバイアスを持っているという話がありましたが（29ページ）、情報を受け取るときにバイアスを越えて正しく受け取るために、どんなことを意識していけばいいでしょうか？

A まず自分はこういうふうに思いがちだとか、情報の受け取り方に何かしらの傾向があってそれは他の人と少し違うはずだと考えるのがベースだと思います。多くの人の受け取り方のど真ん中に自分がいることは考えづらいので、少しズレている可能性がある。自分の傾向を把握し、その傾向に影響された受け取り方をしていないかを考えるということです。

それから、複数人で議論をしているときにみんなが同じ意見を言っているのであえて違う意見を言ってみるねという人がたまにいると思うのですが、そういう人が自分の頭の中にもう一人いるようにするといいです。脳内で別な意見どうしが議論をしているような状態で、そうすると見方が立体的になり、バランスが整ってくるかなと思います。

データで主張を補強する際の注意点は

Q **データは何らかの主張の補強や裏付けとして使うことが多く、データ活用がそればかりでは良くないのではないかという話がありましたが（44ページ）、実際にクライアント提案する際にはデータで補強することもあると思います。そこでの注意点は、何かありますか？**

A 小論文の書き方がまさにそうなのですが、一つの意見だけで終わりでは反論したくなるのが聞く側の心理です。7：3とか8：2くらいで逆の意見を提示し、今回の場合はこういった条件があるのでそれを考慮するならばこちらがよいでしょうというように、場合分けで整理するのが納得感を得やすい一つの型であるように思います。

クライアントと会議を進める際の注意点は

Q はじめにこちらから提案資料を使って説明し、そのあと議論に入るという形式の場合は説明のところで相手のリソースをできるだけ使わせないように進めなければならないという話がありました。具体的にはどんなことに気をつければいいでしょうか？

A 自分が話す内容が、相手が知らないことばかりだとストレスがたまり、逆に相手が知っていることばかりだと退屈を感じるというのが原則です。リソースというのは脳のエネルギーとかやる気といった意味なのですが、ストレスも退屈もリソースを大きく消費してしまうので、使わせ過ぎてしまうとその後の議論が良いものになりません。

よく数字を多用するプレゼンがありますが、数字を使った説明はリソースを減らしやすいです。説明したいことをすべて説明できればいいわけではなく、極力相手のリソースが残っていて、かつ必要な情報がテーブルに出ている状態をつくるために、要素の量や配分、順序を考える必要があります。

また、自分に当てはめて考えるとわかりますが、相手もすべての会議を同じリソースの量で臨むわけではありません。期待値が高く、リソースが多い状態で相手が参加してくれているのかどうかを感じ取り、臨機応変に内容を変えていくようにできると良いと思います。

お客様の要求を取り入れるか否か、判断のポイントは

Q　星野リゾートの星野代表と経営学者のブランチャードの話で、自分たちの方向性と違っていればお客様の要求を無視するべきという話がありましたが（33ページ）、現実的にはなかなか難しいように思います。実際にはどう取り入れていけばいいのでしょうか？

A　まず、自分たちの方向性を強く意識しているというベースがあることが大前提になります。その上で、それとお客様の意見を照らし合わせるとどうかを判断することになります。例えばスターバックスは全店禁煙ですが、煙草を吸いたいと言ってくるお客様はいるはずで、それを受け入れない判断をしているわけです。そういうベースがな

いとお客様の意見を聞きすぎたり、SNSで言われることに反応しすぎたりして良くない方向に行ってしまいます。

我々の実務上では、例えば60分の打合せ中にクライアントからちょっと違うテーマの質問を受けることがあります。その質問に詳しくお答えすることはできるのですが、そこで時間を使い過ぎてしまうとその打合せで到達したかったところまで行き切らずに終わってしまうことになりますので、そうならないよう、違うテーマの質問にはできるだけ短く応対するようなことを考えています。

3 上級編

情報の正しさがわかりにくい世の中で、マーケターが気をつけるべきは

Q **メディアの進化で情報の発信者が多様になり、動画加工技術も向上してフェイクニュースが増えるなど、正しくない情報が影響力を持ち、情報受信側に判断力が求められるような潮流があると思います。今後の方向性としてどうなっていくか、その中でマ**

ーケターは何に気をつけていくべきかについて、どう思いますか？

A 情報の正しさがわかりにくくなっていくので、正しいことと人々が認識することの乖離はより広がっていくのだろうと思います。

ただ、誤って認識していたものが正しい認識に書き換わるというのは人間の心理として気持ちが晴れたり、楽しくなったりする方向のものだとも思います。例えば以前は良くない状況だったものが現在はかなり改善してきていて、そこにAという企業の技術が貢献しているというような構造のコミュニケーションをつくることもできそうです。『FACTFULNESS』(ハンス・ロスリング著)という本は、かつて貧困であった人々の生活が実際には改善していることが正しく認識されていないという内容なのですが、そうした認識のギャップがある可能性をふまえた上で、そのギャップを活かした設計というものもできる可能性があると考えています。

クライアントに、少数意見に目を向けてもらうには

Q

儲かるパターンが「今は少数である意見が将来において多数意見になりそうなとき」というお話がありましたが、今の少数意見をこれは多数意見になりそうだとクライアントに納得してもらうには、どうすればいいでしょうか？

A

つい多数意見に目が行くというのが傾向としてあるので、少数意見に注目した提案は非常に突っ込みを受けやすいです。方法として、他のカテゴリーで起きていることを抽象化し、それと同じ構造のことが自ブランドのカテゴリーでも起きつつあるという説明をすると想像がしやすくなります。例えば他のカテゴリーで「〝買う〟より〝借りる〟の方に動いてきた」とか、「女性だけが使っていたのが男性も使うようになってきた」といったようなことで、単独の少数意見よりも他のカテゴリーの参照を受けたものの方がより検討しやすくなると思います。

ＳＮＳでの炎上リスクをどう考えるか

Q

何か話題化を狙おうというときに、ＳＮＳ上で炎上する可能性があるというリスク

についてはどのように考えていけばいいのでしょうか？　リスクをまったく取らないことが本当にいいのかどうかについて、どう思いますか。

A まず、X（旧Twitter）は世の中の意見を代表しているわけではないという前提があります。そこで話題になったことがテレビ番組やYahoo!トップなどに出てようやく世の中の人々に広く知れ渡るところがあり、X（旧Twitter）の中では広がってもそうしたマスメディアまで出ていかない話題もたくさんあります。また、炎上のリスクを取れば取るほど話題化するわけでもなく、両者がトレードオフではないというのも前提です。

その上で大きなポイントが二つあります。そのブランドを使うのが非常に多くの人なのか一部のコアファンなのかという点と、そのブランドがどう見られているのかという点です。後者は例えば人に置き換えるとわかりやすいのですが、この人ならこういうことを言いそう、こういうことをしそう、というイメージは人によって違います。そことのギャップが大きいかどうかで、同じ言動をしても評価が大きく変わってきます。そのブランドを使う人が非常に多い場合や、リスキーなことをしないイメージが強い場合は、炎上のリスクはかなり安全寄りに考えておいた方がいいかと思います。

購入可能性が高い人に絞った方がいい場合とは

Q

実際にブランドを購入してくれそうな人だけに絞ってコミュニケーションをすればいいのかという話の中で、ブランドを持っていることの意味が他者との人間関係にかかわる場合には購入可能性がない人にもブランドの価値を伝える意味があるということでしたが(111ページ)、購入可能性が高い人に絞った方がいいのはどのような場合でしょうか?

A

便益が他の人との人間関係にあまり関係していない、自分が使用して満足すればよいというものであることと、実際には絞ってコミュニケーションするのはデジタルでターゲティングできることなので、検索行動の多いカテゴリーであるという二つの条件を満たす場合だと思います。

具体的には膝が痛いのを何とかしたいというようなケースで、何のサプリを使っているかを人に話すわけではなく、またコンドロイチンなど痛みを緩和する成分のワードを検索していたりする場合です。「Pain系・自己完結型」は基本的に、マス広告を打ってファネルで下ろしていく以外の方法をきちんと検討するべきだと思います。

高額商品の価格戦略（プライシング）をどう理解するか

Q

航空チケットで、ファーストクラスやビジネスクラスの料金が非常に高額に設定されていることがチケット全体の収益を支えているという話がありました。それは意図して設計したものなのか、顧客体験をより良くしようとした結果としてそのような構図になったのか、どちらなのでしょうか？

A

商品の一部に特別な価値を付加する代わりに価格を上げるやり方は、手法として存在します。その背景には、他の人とは違うものを持っている／他の人がしていない体験に魅力を感じてお金を払う人が存在することと、ある一つの対象に対する値づけが人によって大きく変わり一定ではないこと、の二つがあります。みんなから平均的に同じような金額を出してもらう形では、こうした事象を活かすことができません。

例えばイギリスのサッカースタジアムなどではＶＩＰ用に特別な観戦用の部屋が設けられ、往年の名選手が一緒に試合観戦してサッカーの解説をしてくれるというようなパッケージがあり、収益の大きな柱になっています。航空チケットのファーストクラスもおそらく全体の収益最大化の中で設計されているのではないかと思います。

参考文献

CHAPTER 1

『人を動かす』D・カーネギー 著（創元社、1936年）
『ティール組織―マネジメントの常識を覆す次世代型組織の出現』フレデリック・ラルー 著（英治出版、2018年）
『出口版　学問のすすめ―「考える変人」が日本を救う！』出口治明 著（小学館、2020年）
『星野リゾートの教科書―サービスと利益 両立の法則』中沢康彦 著（日経BP、2010年）
『カスタマー・マニア！―世界最大のファストフード企業を再生させた顧客サービス戦略』ケン・ブランチャード 著（ダイヤモンド社、2010年）
『深掘り！日本の地名 知って驚く由来と歴史』宇田川勝司 著（ベレ出版、2022年）
『僕は君たちに武器を配りたい』瀧本哲史 著（講談社、2011年）
『武器化する嘘―情報に仕掛けられた罠』ダニエル・J・レヴィティン 著（パンローリング、2017年）
『創造の方法学』高根正昭 著（講談社、1979年）
『なぜ賢い人も流行にはまるのか―ファッドの社会心理学』ジョエル・ベスト 著（白揚社、2009年）

CHAPTER 2

『ブランド・エクイティ戦略―競争優位をつくりだす名前、シンボル、スローガン』デービッド・A・アーカー 著（ダイヤモンド社、1994年）
『戦略的ブランド・マネジメント』ケビン・L・ケラー 著（東急エージェンシー、2000年）
『マーケティングプロフェッショナルの視点―明日から仕事がうまくいく24のヒント』音部大輔 著（日経BP、2019年）
『スターバックスはなぜ値下げもテレビCMもしないのに強いブランドでいられるのか？』ジョン・ムーア 著（ディスカヴァー・トゥエンティワン、2014年）

『言語学バーリ・トゥード―Ｒｏｕｎｄ１ ＡＩは「絶対に押すなよ」を理解できるか』川添愛 著（東京大学出版会、２０２１年）
『ニトリ 成功の5原則』似鳥昭雄 著（朝日新聞出版、２０１６年）
『しゃべるばかりが能じゃない―落語立川流伝え方の極意』立川談四楼 著（毎日新聞出版、２０２０年）
『黒牢城』米澤穂信 著（ＫＡＤＯＫＡＷＡ、２０２１年）
『歴史のじかん』山崎怜奈 著（幻冬舎、２０２１年）

CHAPTER 3

『コトラーのマーケティング4.0―スマートフォン時代の究極法則』フィリップ・コトラー 著（朝日新聞出版、２０１７年）
『広告革命 米国に吹き荒れるＩＭＣ旋風―統合型マーケティングコミュニケーションの理論』ドン・Ｅ・シュルツ 著（電通、１９９４年）
『日本のピアノ１００年―ピアノづくりに賭けた人々』前間孝則・岩野裕一 著（草思社、２００１年）
『ナラティブカンパニー―企業を変革する「物語」の力』本田哲也 著（東洋経済新報社、２０２１年）
『世界的優良企業の実例に学ぶ「あなたの知らない」マーケティング大原則』足立光、土合朋宏 著（朝日新聞出版、２０２０年）
『ザッポス伝説２・０ ハピネス・ドリブン・カンパニー』トニー・シェイ 著（ダイヤモンド社、２０２０年）

CHAPTER 4

『インサイト―消費者が思わず動く、心のホット・ボタン』桶谷功 著（ダイヤモンド社、２００５年）
『ＵＳＪを劇的に変えた、たった1つの考え方―成功を引き寄せるマーケティング入門』森岡毅 著（ＫＡＤＯＫＡＷＡ、２０１６年）
『みんなに好かれようとして、みんなに嫌われる。（勝つ広告のぜんぶ）』仲畑貴志 著（宣伝会議、２００８年）
『アトリビューション―広告効果の考え方を根底から覆す新手法』田中弦、佐藤康夫、杉原剛ほか 共著（インプレスジャパン、２０１２年）
『経済学のセンスを磨く』大竹文雄 著（日本経済新聞出版）、２０１５年）

CHAPTER 5

『統計でウソをつく法―数式を使わない統計学入門』ダレル・ハフ 著（講談社、1968年）
『知の体力』永田和宏 著（新潮社、2018年）
『売れる化―経営戦略よりコストカットより大切な商売の基本』本多利範 著（プレジデント社、2018年）
『好き嫌い―行動科学最大の謎』トム・ヴァンダービルト 著（早川書房、2018年）
『ポストトゥルース』リー・マッキンタイア 著（人文書院、2020年）
『原因を推論する―政治分析方法論のすゝめ』久米郁男 著（有斐閣、2013年）
『なぜ「戦略」で差がつくのか。―戦略思考でマーケティングは強くなる』音部大輔 著（宣伝会議、2017年）
『たった一人の分析から事業は成長する 実践 顧客起点マーケティング』西口一希 著（翔泳社、2019年）
『ファンベース―支持され、愛され、長く売れ続けるために』佐藤尚之 著（筑摩書房、2018年）
『イノベーションのジレンマ―技術革新が巨大企業を滅ぼすとき（増補改訂版）』クレイトン・クリステンセン 著（翔泳社、2001年）
『群衆心理』ギュスターヴ・ル・ボン 著（講談社、1993年）
『新世代のビジネスはスマホの中から生まれる―ショートムービー時代のSNSマーケティング』天野彬 著（世界文化社、2022年）

CHAPTER 6

『ショートムービー・マーケティング―TikTokが変えた打ち手の新常識』若井映亮 著（KADOKAWA、2021年）
『ウェブはグループで進化する―ソーシャルウェブ時代の情報伝達の鍵を握るのは「親しい仲間」』ポール・アダムス 著（日経BP、2012年）
『シェアする美術 森美術館のSNSマーケティング戦略』洞田貫晋一朗 著（翔泳社、2019年）
『1分で話せ 世界のトップが絶賛した大事なことだけシンプルに伝える技術』伊藤羊一 著（SBクリエイティブ、2018年）

全般

『嫌われる勇気―自己啓発の源流「アドラー」の教え』岸見一郎、古賀史健 著（ダイヤモンド社、2013年）
『なぜあの人が話すと納得してしまうのか？』大森健巳 著（きずな出版、2017年）
『歴史とは何か』E・H・カー 著（岩波書店、1962年）
『FACTFULNESS―10の思い込みを乗り越え、データを基に世界を正しく見る習慣』ハンス・ロスリング 著（日経BP、2019年）
『知的複眼思考法』苅谷剛彦 著（講談社、1996年）
『Think Simple―アップルを生みだす熱狂的哲学』ケン・シーガル 著（NHK出版、2012年）
『戦略PRの本質―実践のための5つの視点』井口理 著（朝日新聞出版、2013年）
『ゼロ・トゥ・ワン―君はゼロから何を生み出せるか』ピーター・ティール 著（NHK出版、2014年）
『エッセンシャル思考―最少の時間で成果を最大にする』グレッグ・マキューン 著（かんき出版、2014年）
『勝率2割の仕事論―ヒットは「臆病」から生まれる（光文社新書）』岡康道 著（光文社、2016年）
『必要な情報を手に入れるプロのコツ』喜多あおい 著（祥伝社、2018年）
『岩田さん 岩田聡はこんなことを話していた。』ほぼ日刊イトイ新聞 著（ほぼ日、2019年）
『ワークマンは商品を変えずに売り方を変えただけでなぜ2倍売れたのか』酒井大輔 著（日経BP、2020年）
『シン・ニホン―AI×データ時代における日本の再生と人材育成』安宅和人 著（ニューズピックスパブリッシング、2020年）
『マイノリティデザイン―「弱さ」を生かせる社会をつくろう』澤田智洋 著（ライツ社、2021年）
『The Art of Marketing マーケティングの技法―パーセプションフロー®・モデル全解説』音部大輔 著（宣伝会議、2021年）
『限りある時間の使い方』オリバー・バークマン 著（かんき出版、2022年）
『好奇心とクリエイティビティを引き出す―伝説の授業採集』倉成英俊 著（宣伝会議、2022年）

おわりに

「本は、人が書いているのだ」ということを初めて実感したのは、1996年のことでした。ちょうど私が就職した年で、それまで通っていた大学の教育社会学のゼミで教えていただいていた苅谷剛彦先生が、『知的複眼思考法』という本を書かれたときです。それまで、本の著者のところに書いてある人の名前のようなものは、私にとってはある種の記号でした。本当に実在しているのかどうかもわからないな、と思っていました。

電通に入社してからしばらくは、テレビ広告の仕事に明け暮れていました。巨人戦のナイターが毎日視聴率20%をとっていた頃です。広告会社のテレビ担当には放送局から番組提供スポンサーに届けるために放送前のドラマの台本を運ぶという仕事があり、私が初めて運んだ台本は、当時大人気だった『ロングバケーション』でした。ごくささやかではありましたが、広告の仕事の片隅を担っている緊張感がありました。

テレビ広告の仕事は取り扱う金額も大きく重要な仕事ですが、マーケターなのかというと違うのだろうなと考えていました。社会のこと、人の心理、購買行動などとはまた別の、特殊なルールの特殊な世界で自分はずっと仕事をしていくのだろうし、ましてや本を書けるようなこともないだろう。そういえば苅谷先生、とんでもなく頭のいい人だったなぁ。

そんな折にプランニングの部署への人事異動があり、そこで楠本和哉さんという方との出会いがありました。「楠本塾」というプランニング塾を主宰されていて、若手から、当時すでに40歳近かった私のような経歴の人まで幅広く門戸を開いてくださり、基礎の基礎から教えていただきました。出会いと言いましたが、特に私が能力を見出されたとか、特別に薫陶を受けたわけではありません。当時の電通のプランナーのほとんどは楠本さんの弟子か孫弟子というような感じで、私もその中の一人でした。

楠本さんは教えるだけでなく、ご自身で担当クライアントを持たれていました。プロ野球で例えると、実績もあり超優秀な投手コーチでもありながら、現役として先発ローテーションで回っているような状態です。そして、仕事以外のインプットもされていました。あるとき楠本さんがＴＯＥＩＣの勉強をされているという話を聞き、師匠がしているなら我々もやりますということで準備を始め、楠本さんに九〇〇点を取りましたと報告したら、俺は九二〇点だったと言われたこともありました。

ある程度の経験を積んだタイミングで関西に異動したこともあり、自分にも何かできることがあるのではと思い立ち、「北村塾」を開始しました。楠本さんには、楠本塾の内容は著作権フリーなのでどんどん使っていいよ、と言っていただきました。少人数制というところだけは少し違いますが、期を重ねるごとに内容を刷新していくスタイル、プレーヤーとして現場から離れないこと、日々勉強することなど多くのことを採り入れさせていただいています。

さまざまな書籍からのインプットや自分自身の現場での経験からテーマごとに内容をとりまとめ、受講生へアウトプットし、そこでの対話や思考をもとに再構成するということを繰り返していく中で、広告会社にとどまらずマーケティングに実際に携わる人のための本を書きたいと思うようになりました。苅谷先生のような能力が自分にないことは自覚していましたが、たまたま楠本さんにご指導いただく幸運にあずかり、受講生の方々の豊かな発想にも刺激をいただいて周りの方々に恵まれている今、私と同じように現場で奮闘するマーケターの方々のリアルな課題解決に役立つ何かが書けるのではないか。そう思うようになりました。

この本は、私という生身の人が著者ではあるのですが、「私が個人として書いた」というものではありません。楠本さんをはじめ電通の諸先輩や同僚、後輩、担当クライアントの方々、塾の受講生の方々、読んだ書籍の著者の方々からの教えや学びがあり、それが担当いただいた宣伝会議の刀田聡子さんの編集の力によって形になったものです。私はその中で、ドラマの台本を運んだほどの貢献しかできていないかもしれません。それでもあのときと同じように、この本を作る工程の一端に関われたことは本当にありがたく思っています。

現場のマーケターの方々の仕事がうまくいき、良いものがそれを必要とする人の元に届いていくことに少しでも貢献できるようなら、これに勝る喜びはありません。